文春文庫

怪談和尚の京都怪奇譚

宿縁の道篇

三木大雲

文藝春秋

目次

怪談和尚の 京都怪奇譚 宿縁の道篇

はじめに

人間は、説明のつかない出来事に、不安や恐怖を感じます。

では、人間から恐怖を取り去ったらどうなるのでしょうか。

人間の脳には扁桃体という部分があります。これを取り除くと、その人から恐怖という感情がなくなるそうです。

ある病気によって、この扁桃体が機能しなくなった四十四歳の女性がおられます。彼女には、恐怖という感情が全くありません。ですので、毒蛇を素手で摑んでしまったり、平気で高所に登ったり出来ます。

自分の中に恐怖という感覚が無くなると、もう一つ無くなるものがあります。それは、他人の顔から恐怖の表情を読み取る能力です。ですから、他人が何かに怯えていても、それに気がつかない訳です。

恐怖とは、恐れであり、不安です。ない方が良いのかも知れません。

しかし、恐怖という感覚を持っていることで、自身を危険から遠ざけ、他人が抱える恐れや不安に気づいてあげる事が出来るのです。
恐怖とは、私達人類に与えられた素晴らしき感情なのではないでしょうか。

第一章

命

私が昔、インドに行った時の話です。

インドで、二人の兄弟に会いました。お兄ちゃんは見た感じ七、八歳、弟は五、六歳くらいです。

両親は交通事故により亡くなっていて、お兄ちゃんが弟の面倒を見ながら生活していました。兄弟の住居は知り合いの村人の牛小屋で、牛と一緒に暮らしていました。

村の人達は心配して、一緒に暮らそうと声をかけたそうですが、お兄ちゃんは自分の力で暮らすと言って聞かないようです。

私は、この兄弟にご飯代としてお金を少し渡そうとしましたが、お兄ちゃんは、仕事もしていないのに貰えない、と受け取ってくれません。まだ幼いお兄ちゃんでしたが、私より年上に感じるくらいに、しっかりとした人です。

私がご両親の死について尋ねると、彼は「お父さんもお母さんも神様に好かれたから、早く神様が迎えに来たんだ。僕も頑張って神様に好かれるようになる」そう言いました。

お兄ちゃんの仕事は、近くの国道に行って、道の神様を掃除することです。道の神様というのは日本でいう、お地蔵様の様な存在です。

車で通り過ぎるドライバーたちが、道の神様に窓から小銭を投げていきます。その小銭をお兄ちゃんが拾っていくのです。そしてお金を貰った御礼として、道の神様と道の掃除をします。ドライバーは、道の神様にお布施をすると道が綺麗になると言います。この経済循環の中に、神様が居られるわけです。

　それから暫(しばら)くして、弟は車に撥ねられて亡くなりました。お兄ちゃんに作ってもらった小さな箒で、お兄ちゃんの真似をして道を掃いていた時に撥ねられたのです。

　私は、お兄ちゃんに掛ける言葉も見つかりませんでした。そんな私にお兄ちゃんは「弟は僕よりも小さいのに、良く手伝ってくれたから、神様が早くに迎えに来てくれた。僕ももっと頑張ろう」と話してくれました。

　その数年後、お兄ちゃんは病によって、神様のお迎えを受けました。

　長生きする事だけが大切なのではなく、死に向かってどう生きるかこそが大切なのだと幼い兄弟に教えられました。

雨ガッパの女

心霊現象や怪奇現象は、科学的解明がされておりません。その解明がされていない現象に対して、死者や怨念など科学的解明のされていないものが更に関わって来ますと、解明は不可能に近いように思えてきます。

ですので、飛行機のパイロットや医師の方など、沢山の命を扱われるお仕事をされている方は、怪奇現象を話してはいけないという噂を耳にした事もあります。

しかしながら、全く科学的研究がされていないかと申しますと、そうではありません。量子論の世界などでは、死後の世界や人間の念についての研究など、今まで以上に研究がされている様です。

あるお医者様は「死後の世界は存在すると断言できます」と仰います。もしかして、このお医者様が臨死体験でもされて、このように断言されるのかと思っていましたら、そうではありませんでした。では何故この様にお話しされるのかをお聞きしました。すると、大変驚愕の事実を教えてくださいました。

私が医者になりたいと思ったきっかけは、小学生低学年の時でした。この頃、気管支系の病気になり、長期の入院をしなければならなくなりました。

まだ幼い私は、家族と離れて暮らすのが寂しく、何度も泣いて帰りたいと両親を困らせました。そんな時、主治医の先生が、まるで親代わりのように接してくださいました。

朝、体調の良い日は病院から直接学校に行けるのですが、共働きの両親に代わって、主治医の先生が学校の近くまで一緒に行ってくれたり、時には宿題を見てくださることもありました。先生は私にとって、ヒーローのような存在でした。そんな先生に憧れて、医師の道を志したわけです。最初は辛かった入院生活も、先生や看護師さんのおかげで、次第に寂しさを覚える事もなくなって来たんです。

そんなある日の事、私はある夢を見ました。その夢と言いますのは、私が入院している病院の部屋の窓から外を見ている夢です。

部屋の窓からは、片側四車線もある広い車道が見えていました。どうやら深夜のようで、街灯は点いているのですが、誰一人として歩いていません。そんな深夜の道路を窓から見ていると、車が一台走って行きます。その車を見えなくなるまで目で追います。そして車が見えなくなると、また深夜の誰もいない道路を見ています。

暫くすると、再び一台の車が走って行きます。それを目だけで再び追っていくというだけの夢です。幼い私は、この同じ夢を時々見るようになりました。

そんなある日のこと、いつものようにこの夢を見ました。薄暗い道路を一台の車が走って行きます。それを目で追って行きます。見えなくなると次の車がやって来ます。それを再び見えなくなるまで目で追います。再び静かな道路だけを見ています。いつもはここで夢から覚めるのですが、この日は違いました。車のいなくなった静かな道路に、再び何かが走って来ました。それは、車道を全速力で走る女性の姿でした。しかもその女性は、雨ガッパを着ているのです。雨ガッパを風に靡かせて、その女性は車道を全速力で駆け抜けて行くのです。私は車と同様、その女性を目で追って行きます。そして、その女性の姿が見えなくなった時に、目が覚めたのです。

幼い私は何となく怖く感じて、この夢の内容を主治医の先生や両親、看護師さんにも話しました。皆一様に「面白い夢だね」と言うだけで、怖いとは言いませんでした。今考えると、幼い子供が怖がらない様に配慮してくれていたのだと思います。

そんな夢を見て暫くしてから、私は一時退院という形で、自宅に帰れる事になりました。自宅には私専用の部屋があり、病院に持って行く事が難しいおもちゃが沢山ありました。自宅に帰れた事を聞きつけた友人たちも、沢山遊びに来てくれました。

とても楽しい一日となりましたが、久しぶりに声を出してはしゃいだせいか、疲れが出て、いつもよりも早い時間にベッドに入りました。するとこの日、また例の夢を見たのです。

しかし今回の夢は、病院の窓から外を見ているのではなく、自宅の自分の部屋の窓から外を見ている夢でした。自宅の前は、病院の前ほど広い道路ではなく、対向二車線の道路です。そこに一台の車が走って来ました。そしていつも通り、通り過ぎて行きました。暫くして、また車が通り過ぎて行きました。すると、次に、あの雨ガッパの女性が全速力で走って、家の前を通り過ぎると、その先にある交差点を曲がって行きました。朝、目が覚めた私は、寝る場所が違ったら夢の内容も少し変わるのかと、それほど気にはしませんでした。

それから数年が経ち、私が小学校の高学年になった頃、病気もかなり良くなって来ており、主治医の先生も、このまま行けば今後は長期入院する必要はなくなるとまで言ってくださいました。そして中学校に進学する前に、最後の検査入院をする事になったのです。これで問題がなければ、完治したという事になるわけです。

検査のために、一週間ほど再び入院を致しました。小学校卒業と共に、この病院からも卒業するという事に、嬉しい気持ちと寂しい気持ちが入り混じるような、そんな入院生活となりました。

いくつかの検査を終えて退院まで数日となった日の夜、私は再びあの夢を見たのです。

何度も見るせいか、夢の中に居ながらも、これが夢の中なのだと分かる様になっていました。

夢の中の私は、いつものように深夜の道路を病院の窓から眺めていました。やがていつもの様に一台の車が走って来て、いつもの様に車を目で追うと、何か不自然さを感じたのです。

「いつもの夢と違う」そう私は感じました。

それは、走ってくる車が、ワイパーを動かしていたんです。車のライトの部分をよく見ると、雨が降っていました。その雨の中を車はいつもの様に通って行きました。二台目に来た車も、同じようにワイパーを動かしていました。その車が通り過ぎると「サーーー」という雨が道路を打つ音が聞こえて来ました。そこに、あの雨ガッパの女性が、全速力で走って来たんです。

遠くの方から「バシャバシャ、バシャバシャ」と女性が雨の中を走る音が聞こえて来ました。そしてその音は、女性が近づいて来ると共に、大きくなって来たんです。

「バシャバシャ、バシャバシャ」何となく恐怖を覚えながらも見ていると、急にその女性の走る音が、ゆっくりになって来ました。

「バシャバシャ、バシャバシャ、バシャ、バシャ」その女性は、私が見ている窓の前まで来ると、立ち止まって、私が覗いている窓の方を見上げて来たのです。

「怖い」そう感じた私は、窓の下に身を隠しました。すると、再び女性が歩き出す音がし出しました。そっと窓から女性の行先を見ると、女性はゆっくりと歩きながら窓の真下、つまり病院の中に入って行ったのです。

そこで夢から目覚めました。目を覚ました時、心臓の鼓動が早くなっているのを感じました。時計を見ると深夜二時を少し過ぎた頃でした。

「看護師さんか、誰でもいいから大人の人に会いたい」恐怖からそう思ったその時でした。

隣のベッドとの間に、仕切りのカーテンが引かれているのですが、そのカーテンに薄らと人の影が映ったのです。隣のベッドの人か看護師さんかと思い、カーテンを少しめくって覗いてみました。

そこには、夢に出てきた、濡れた雨ガッパを着た女性が立っていたのです。

その女性は、ベッドで寝ているおじいさんの顔をじっと見下ろしていました。見下ろされているおじいさんの顔には、雨ガッパのフードからポタポタと滴が落ちていましたが、おじいさんは目を覚ます事はありませんでした。私はあまりの恐怖に、布団を頭まで被って、そのまま朝を待ちました。

「シャー」とカーテンの開く音が聞こえて、ビックリして起きると「朝だよ、おはよう」と、母親の笑顔がそこにありました。

今日は仕事が休みだからと朝早くに母親が顔を出してくれたのです。そこで、昨夜見た夢の話を早速しました。

母親は少し困ったような顔で、今日の明け方、隣のベッドの人が亡くなったと教えてくれました。

「お前の見た夢とは関係ない」そう母親は言いましたが、私には何となく関係があるような気がしてならなかったのです。

やがて、私は検査入院の結果も良好で、無事に退院する事となりました。

退院後、中学生になった私は、以前ほど頻繁にこの夢を見ることはなくなりましたが、数ヶ月に一回程度、見ることがありました。

そんな中、とても印象に残る出来事があったのです。それは、自宅の窓からいつもの様に外の道路を見ている夢です。

自宅前の道路に一台の車が走って来ました。その車はワイパーを動かしていました。雨が降っているのです。二台目の車も同様にワイパーをかけていました。どちらの車もかなりのスピードでワイパーを動かしていたので、かなりきつい雨だと感じました。

車が行った後、雨音はさらに強まり、道路上にはかなりの雨が溜まっていました。すると、遠くから雨を蹴る音が聞こえて来ました。

「バシャバシャ、バシャバシャ」音と共に、雨ガッパの女性が走って来ました。その姿を目にした瞬間、私はとても驚きました。何とその女性の背後には、同じように雨ガッパを着込んだ女性が十数人、全速力で走って来ていたのです。

「バシャバシャバシャバシャバシャバシャ」

まるで強烈な雨が突然に降り出したかの様に、雨を沢山の人が蹴る音がして来たのです。

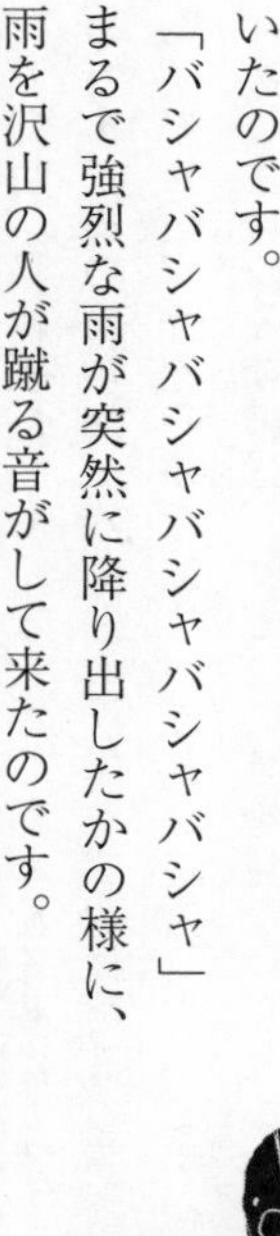

その音はやがてこちらに近づいてくると、そのまま自宅の前を通り過ぎて、その先の交差点を右折する形で消えて行きました。

雨のシーンの夢を見た時は決まって、心臓の鼓動が早くなっています。

「今回の夢は何だったのだろう」そう思いながらも深夜でしたので、再び眠りにつきました。

朝、何事もなく学校に行き、授業を受けて帰宅すると、自宅近くの交差点に、沢山のパトカーや救急車などが止まっていました。後で知ったのですが、この交差点で、夜行バスが事故を起こし、十数人の方がお亡くなりになられたそうです。

この時、私は確信していました。私の見る夢は、誰か人が亡くなる前に見る夢なのです。あの雨ガッパの女性の正体や、晴れた日の夢は何なのかまでは分かりません。ですが、普通の夢ではないことは確信しています。

高校生になる頃には、殆どこの夢を見なくなりました。もしかすると、病気が何か作用していて、その病気が完治して行く過程で、その能力が失われたのかもしれません。それから十数年後、私は大学の医学部を出て医者になったのです。

こんな話をお医者様がして下さいました。

もしかすると、雨ガッパを着た女性は、所謂「死神」と呼ばれる方かもしれません。西洋の死神は、フードの様な物を被っておられますが、正しくは雨ガッパなのかもしれませんね。

ただ「死神」というのは、そのお名前に神が付く所を考えると、神様のお一人です。この神様が迎えに来られるまでは、どんなに苦しくても、私たちは生きなければなりません。最後に、この病院の先生は、この様に仰っておられました。

「すっかり夢は見なくなったのですが、今でも時々、病院で雨ガッパを着込んだ女性は見ることがあるのです」

子供の頃

今回のお話は、私が子供の頃に体験したお話です。

私は、昭和四十七年に、京都市上京区の立本寺（りゅうほんじ）というお寺の塔頭（たっちゅう）寺院に生まれました。北野天満宮を南に十分ほど歩いた所です。

実家のお寺は教法院（きょうぼういん）というお寺で、現在は私の兄が住職をさせて頂いております。御朱印の有名なお寺ですので、ご興味のある方は、是非一度お参りください。

さて、そんな教法院で生活をしていた、小学生時代の夏休みの出来事です。

その頃、いつもお寺を訪ねて来るお婆さんがおられました。その方は、お寺に来ると決まって「私の息子は帰って来ますか」と尋ねて来られます。私の両親は「大丈夫ですよ。帰って来られますよ」と答えていて、それを聞くと嬉しそうに帰って行かれました。大人達は、可哀想だけど、このお婆さんは心の病気だと言っていました。どうやら、若い頃に息子さんを亡くされたらしく、それ以来、亡き息子が帰って来てくれると信じておられる様でした。

そのお婆さんは、立本寺の敷地内にあった立本寺公園で遊んでいる子供達にも、同じように声を掛けて来られます。

「おばちゃんの子供は、ちゃんと帰って来るかな」そう聞かれると、私や友人も「うん、大丈夫、帰って来はるよ」と言って安心させてあげていたのです。

私達から見たらお婆ちゃんに見えましたが、ご本人は、自分のことをおばちゃんと言っておられました。時々、子供が「おばちゃんは、もうお婆ちゃんやで」そう言われても、このお婆さんは笑顔でニコニコしながら「あら、そうかなあ」と言われるだけで、大変穏やかな性格のお婆さんでした。

そんなある日の事です。いつものように、友達数人と立本寺公園で遊んでいました。するとお婆さんが私達の所まで来られ、いつもの様にこう聞いて来られたのです。

「おばちゃんの子供は、ちゃんと帰って来るかな」そう聞かれたので「うん、大丈夫、帰って来はるよ」そう答えました。

するとお婆さんは「いつ、帰ってくるかな」そう聞かれたのです。

私は、いつと言われても困るなあと考えていると、友人の小山君が「明日や、明日帰って来はるで」と邪魔くさそうに、適当な事を言ったのです。するとお婆さんは嬉しそうに「明日か。明日帰って来るんか」と嬉しそうに帰って行かれました。

その姿を見送りながら、小山君は、私の方を見て「あかんかったかなあ」頭を掻きながら言いました。

次の日も公園で遊んでいると、そのお婆さんが私の所に来られたのです。そして私にこう言いました。

「今日、息子は帰って来るかな」そう言われたので、私は「わからへんけど、そうちゃうかな」と言うと、また嬉しそうに帰って行かれました。

さらに次の日、再びそのお婆さんは立本寺公園に現れて、私達の遊んでいる場所まで来られ、こう言われたのです。

「昨日、息子が帰って来てくれたわ」と嬉しそうに仰るのです。

それを聞いた私達は「そやろ、帰って来はったやろ」と言いました。それを聞いたお婆さんは、急に真顔になって、私達をじっと見ながらこう言われたのです。

「今から会わしたげるわ」と。

そう言うと、突然私の手を掴んで来たのです。友達は驚いてみんな逃げてしまいました。私はお婆さんとは思えない程の力に引きずられて、公園の外に連れて行かれそうになりました。

「おばちゃん、僕は会わんでええから手ぇ離して」と、必死に抵抗していました。するとと小山君が戻って来てくれて、お婆さんの手に向かって突進してくれたのです。お婆さんは驚いて私から手を離したので、二人とも全速力で逃げたのでした。

その事件以来、お婆さんが立本寺公園に姿を現される事はなくなりました。

それから数年後の夏の夜、私が中学一年生の時の事です。近くの銭湯からの帰りでしたので、午後九時頃だったと思います。

立本寺の境内を通り、立本寺公園経由で帰ろうとしました。すると、あのお婆さんがベンチに座って居られたのです。変わらぬお婆さんの姿に密かに安堵していると、突然暗闇から若い男性が現れました。そして男性は、お婆さんに向かってこう言われたのです。

「お母さん、そろそろ行こうか」そう言って、手を繋いで公園を出て行かれました。

私はゆっくりと二人の後を追いました。すると立本寺の境内を西に抜けた辺りで、一瞬何かがパッと光って、二人は消えてしまいました。

私が走って二人の消えた場所まで行くと、夕方になると必ず閉まっているはずの扉が開いたままになっていたのです。

その扉の向こうには、今もある、立本寺の墓地があります。

もしかすると、二人はあの世で再会を果たされたのではないでしょうか。

清掃

お坊さんの修行の中で、外す事ができないのは掃除です。掃除には、身の回りを清潔に保つという意味は勿論ありますが、物への感謝、物への労りの心など、全ての物に魂があるという事を理解するのに、大切な行動のひとつです。

これを理解してはいるのですが、私は掃除が得意かと言われますと、そこまではありません。まだまだ身の回りの物への感謝が足りていないのだと自省しております。

さて、今回は掃除のプロ、清掃員の方からお聞きしたお話です。

私は大学を卒業後、清掃会社に就職しました。初めての仕事は、深夜のビルの清掃でした。床、窓は勿論、トイレ、会議室、空調設備に至るまで、全ての箇所を綺麗にします。私は二年間このビルで清掃をしました。その間に、掃除の仕方、清掃器具や薬剤に関すること、また仕事の効率を上げる方法などを学びました。

入社時から、将来は独立して清掃会社を立ち上げたい、と会社にも言っておりました。それを分かった上で、会社も私を雇ってくれていました。

そんなある日、上司に呼ばれた私は、こんな話をされました。

「まだ二年しか経っていないけど、独立に向けた準備に入る気はないか」そう言って頂いたんです。

会社立ち上げには、色々なお金が掛かります。そこで、今の会社から清掃に必要な機械はリースで貸し出してくれると言うのです。しかも、清掃に必要な特殊な薬剤も、大量購入すると安く買えるので、必要な分を一緒に買ってあげると仰ってくださいました。

そして、会社が軌道に乗ってきたら、機械も自分で買って、正式に独立すれば良いと、私の独立を後押ししてくださいます。

こんな有難い事はありません。私は上司に独立に向けて動きたいとお願いしました。

すると上司は「一つだけ条件がある」そう言われました。その条件が飲めなければ今までの話は無かった事にすると仰るのです。

かなり難しい条件なのかと思ってお話をお聞きしましたら、寧ろ私にとっては大変有難い条件でした。

その条件とは「我が社から仕事を紹介する。しかし紹介した仕事は決して断らない事」そのように言われました。

勿論、立ち上がったばかりの会社ですから、仕事は直ぐには見つかりません。ですから、この条件は、こちらにとってはとても有難い事です。所謂、下請けになる訳ですが、断る理由がありません。私は勿論「かしこまりました。よろしくお願いします」と即答しました。

私はお世話になった会社を辞め、数ヶ月後、自分の会社を登記し、アルバイトではありますが、木村君という二十歳の青年を一人雇いました。そして、以前の会社の上司を含め、重役など関係者と正式な契約を交わし、早速仕事を紹介して頂きました。

その仕事は、とあるマンションの臨時清掃でした。清掃の契約形態には、毎日掃除をする日常清掃、定期的に清掃を行う定期清掃、そして、必要な時だけ呼ばれる臨時清掃があります。これらの契約は、マンションの規模によって色々と変わります。

私は早速、現場であるマンションの下見に出かけました。マンションの汚れ具合や清掃終了までにかかる時間や人員、必要な用具などの査定をする為です。

現場のマンションは、工業地帯の中にありました。建物の感じから、築五十年は最低でも経っているだろうと一目でわかります。外壁は黒く汚れていて、所々にヒビも見受けられます。六階建てで、狭いながら一応エレベーターは付いていました。面積はそれほど大きくなく、各階、四部屋ずつ程です。このくらいの規模が、慣れないアルバイトとする最初の仕事としては丁度良いと感じました。それに、管理会社もそれほど厳しい条件を出す事がなく、提示金額以内であれば、清掃時間も日程も任せますと言ってくれている様でした。

数日後、朝の九時から清掃に入る事にしました。私は木村君と共に、清掃準備を整えて現場へ行きました。最上階から順番に清掃して行きます。

清掃器具を持ってエレベーターに乗ると、マジックペンで描いたであろう落書きが目に飛び込んできました。よく見ると、その落書きは鳥居なのです。鳥居が壁にびっしりと描かれていたのです。それに、何かを焼いたような臭いがこびり付いていました。これも綺麗に消さなくてはいけません。

私達は最上階の廊下まで行くと、早速清掃にかかりました。先ずは砂埃が溜まっていたので、それを掃くことから始めました。掃除をしていると、一室から住人の方が出て来られました。

「ナニシテル」明らかに日本人ではない体格の良い男性が話しかけて来られました。

私はマンションの管理会社から依頼を受けた清掃会社のものです、と丁寧に説明しました。するとその男性は、注意してほしいことがあると仰るのです。

それは、エレベーターに描かれた落書きを消さないこと。それに、廊下の盛り塩には触らない。そして、廊下の手すりに括り付けている鳥居も外さないように、と言われました。私はてっきり手すりに付いている物は、何かの飾りかと思っていましたが、よく見てみるとそれは小さな赤い鳥居でした。

盛り塩はともかく、落書きを消さないのは難しいと住人に説明しました。ですが「ワタシガ　オオヤニ　ハナシ　スル　ダイジョウブ」そう言われ、取り敢えずそのままにしておく事にしました。

我が社の初仕事は、三日で全ての清掃を終えました。先ずは終了報告書を以前の職場に渡し、管理会社への確認連絡を入れて頂きました。これが正式に受理されるまで、給金を支払ってもらえません。

次の日、以前の会社の上司から、依頼主からクレームが来ていると聞かされました。最上階の廊下の手すりにある鳥居と盛り塩、エレベーターの落書きが残ったままだ、という内容でした。

私は書類に、居住者様からご指摘があり、敢えて清掃を避けた旨を書いておりました。しかし依頼主からは、全て綺麗にする様にとのご指摘があったのです。

私は下請けの立場であり、やはり依頼主がお金を支払って下さる訳ですから、そちらの指示を優先させるのが普通です。ですが、敢えて私が住人の方の意見を優先させたのは、正直、怖かったからなのです。

何が怖かったのかと申しますと、エレベーターの中の大量の鳥居の落書き。そして、最上階の鳥居も、盛り塩も、全て神様と関係がありそうで、バチが当たるのではないかと思ったのです。ですがそんな事を言っている場合ではありません。アルバイトの木村君にも話をして、再度清掃に行くことにしました。

しかし、清掃に行って、またあの住人に止められては困る。そう思った私は、敢えて夜遅くに行くことにしたのです。

木村君と二人、深夜の二時に会社の車であのマンションへと向かいました。その途中、木村君は、私をからかうようにこう言って来ました。

「社長って案外、迷信深いんですね」

「迷信深いっていうより、正直怖いんだよな」

「お化けなんかいる訳ないですよ。それに神様が居たとしたら、世界から戦争なんか無くなってるんじゃないですか」

「いや、俺は人間の心が悪いから、神様があえて身を隠してるって聞いた事がある。心の綺麗な人間になれば神様も姿を見せて助けてくれるんじゃないかな」

そんな話をしている内に、車は深夜のマンションに到着しました。

私達は早速エレベーターに乗り込み、落書きを消し始めました。本来はエレベーターの電源を止めたりするのですが、深夜の事でそう長い時間がかかる作業でもなさそうだったので、一階で扉を開いたまま作業を進めました。落書きに使われているインクは、それほど落ちにくい物ではなく、特殊な薬剤を使うとさっと一拭きで消えていきました。

次に最上階に行き、盛り塩を撤去し、手すりにある鳥居を取り外す作業です。これはそれ程大した作業ではないのですが、私には心理的にかなりの抵抗がありました。恐れる私を尻目に、木村君はさっさと盛り塩を箒で掃いて、ちりとりでゴミ袋に放り込んでしまいました。

そして手すりに付いている鳥居を取る作業へと移ります。しかしよく見ると、鳥居は針金でかなりしっかり留められていました。

「これは、簡単に取れそうもないから、一旦車に戻ってペンチを持って来るよ」そう私がいうと、木村君は、大丈夫だと言いました。

見ると、鳥居を壊して取ってしまえば良いというのです。

「木村君、流石に鳥居を壊すのはダメだ。俺がペンチを取りに行くまで待ってろ」

そう言いましたが、木村君は言うことを聞いてくれません。

「うるさい。俺はこれを取り外すんだ」この時の木村君は、何かに取り憑かれた目をしていました。

私は何度も木村君を止めましたが、鳥居を壊そうとします。

そこで私は、すぐにペンチを取りに一階に向かいました。

車からペンチを持って、最上階に戻ろうとしたその時、何処かから聞いたことのない声が聞こえて来たのです。

「ワー、ウーウーウー」まるで威嚇（いかく）する動物の鳴き声の様でした。私は思わず手を合わせて心の中で「ごめんなさい。ごめんなさい」と連呼しました。

その瞬間「ドンッ」という音と共に、木村君が地面に叩き付けられたのです。

即死でした。警察からは、鳥居を外そうと身を乗り出した時に、誤って落下したと聞かされました。その証拠に、木村君の両手には、真っ二つに割れた鳥居が握られていたそうです。

その後もそのマンションでは、複数人の飛び降り自殺や落下事故が相次ぎ、今では取り壊されたと言うことです。

私は清掃会社を畳みました。

後日、風の噂で聞いたのですが、事故や自殺が絶えないマンションなど、どこの清掃会社でも仕事を受けない建物があるそうです。

今回、私が下請けとして清掃させられた場所は、そういった物件だったのではないかと思っています。恐らく元上司も知っていたに違いありません。

何故なら、私が清掃会社を辞めますと言った時、元上司はこう言われました。

「やはり次からは、このような依頼は受けない方が良いな」と。


昔、お釈迦様のお弟子さんに、周梨槃特（シュリハンドク）と言う方がおられました。この周梨槃特は非常に物覚えが悪く、自分の名前も忘れてしまうような方でした。

ある時、周梨槃特は、お釈迦様の所へ行き、こう仰いました。

「私は、物覚えが悪く、みんなの邪魔になるので出て行こうと思います」と。

それを聞いたお釈迦様は、こう言われました。

「自分が愚かだと気づいている人は、決して愚かではない。自分は、賢いと思い上がっている人の方が愚かなのだよ」と答えられました。そして、周梨槃特に一本の箒を渡されました。そして、その箒で掃除をする様にと言われました。

周梨槃特は毎日、毎日、何年も箒で掃除を続けます。そしてある時、あることに気がつきました。

それは、「毎日、毎日同じ所を掃除していても、すぐに汚れてしまう。それは人間の心も同じだな」ということだったのです。

私達は、身の回りの掃除をしながら、自らの心の汚れも掃除しなくてはなりませんね。

黒いシミ

不思議な現象は、最後まで原因が不明のまま終わる場合が多々あります。しかし、仏教では全ての現象には必ず原因があるとされています。ということは、原因がわからないままに終わった怪異にも、突き詰めれば必ず何らかの原因があるという訳です。

例えば、人の気配がするが見ても誰もいない。しかし確かに人の気配はするという場合、気のせいで終わらせず、その気配を追いかけてみると、納得のいく答えが見つかるのかもしれません。

今回、私がお話を聞かせて頂いた男性も、最初は人の気配がすることから怪異が始まったそうですし。

私はワンルームマンションで一人暮らしをしているのですが、ある日、いつものようにテレビを見ていると、何となく背後に人の気配を感じたんです。直ぐに振り返りましたが、当然誰も居ません。

台所とテレビを置いているスペースは、カウンターキッチンで仕切られています。ですから、テレビを見ていて振り返ると、そこにはカウンターキッチンの壁しかありません。人の気配を感じるのは、正にそのカウンターキッチンの壁の部分なのです。

今までも時々感じることはありましたが、今回は今までとは明らかに違いがありました。それは、振り返ってからもその気配が消えない、という事です。誰かが明らかにカウンターキッチンの前に立っている気がするんです。

それから数日が経っても、その気配が消えることはありませんでした。それどころか、お風呂に入っている時や、トイレに入っている時に、部屋で物音が聞こえる様になってしまったんです。もちろん部屋には誰も居ないのですが、人が居る気配だけは常にするんです。

そんなある日、私が仕事から帰って来ると、人が立っている気配のする場所の床に、黒い小さなシミの様な物が出来ました。床はフローリングなのですが、墨でも落としたかの様なシミが出来ていたんです。

私は中性洗剤を一滴垂らして、布巾で拭いてみましたが、そのシミが消えることはありませんでした。仕方なくそのままにしておいたのですが、数日後に見ると、シミが少しだけ大きくなっていたんです。

そこで清掃業者にお願いして、見に来てもらう事にしました。シミを見た清掃業者の方がもしかしたら黒カビかも知れないと、カビを消す薬で処理をしてくれたのですが、一向に消えませんでした。その後も色々な薬剤を試してくれましたが、結局は薄くすらなりませんでした。

原因が分からないまま、また数日が経ちました。私は霊的なものは一切信じないのですが、さすがに人の気配と謎のシミが出来た事に、もしかしたら何か霊的な存在が関係しているのかも知れないと感じ始めました。しかも、ラップ音というのか、パチパチという小さな破裂音のような物までする様になってきました。

ラップ音や人の気配がした時の対処法をインターネットで調べると、気配のする方に向かって、大声で怒鳴れと書かれていました。これなら直ぐに出来ると思い、早速その黒いシミの所に向かって「出ていけ」と大きな声で怒鳴ってみました。

結果、確かに人の気配が消えたように感じました。やはり霊的なものだったのだろうかと、妙に納得しました。

しかしこの日の夜になって、人の気配が今まで以上に強くするようになったんです。まるでカウンターキッチンの前に誰かが立って私の行動を監視するかの様に、視線まで感じ始めたんです。そして、その存在感が濃くなると同時に黒いシミも濃くなっていき、何者かが自分の存在を誇示している様にも思えてきました。

次の日の朝、私は体調を崩していました。ひどい頭痛と下痢で、とても出社できる様な状態ではありませんでした。私は会社に電話して、欠勤することを直属の上司に伝えました。ひどい頭痛と下痢でしたが、そんな中でも黒いシミの所から感じられる気配が消えることは相変わらずありませんでした。

翌日になり、体調は更に悪化していました。頭痛に下痢、それに熱まで出て来たんです。上司にこの事を電話で伝え、その日も休みを取りました。更に次の日も体調の悪さは変わらず、会社を休んで病院に行きました。結果は風邪だろうという事で、風邪薬を貰って帰りました。

それから二週間が経ちましたが、一向に体調は良くなりません。さすがに単なる風邪とは思えず、前回行った病院とは違う病院に行く事にしました。しかし結果は同じで、風邪だという事でした。体調を崩して以来、食欲は落ち、体重は二キロ近く落ちてしまいました。

そんなある日、直属の上司から、さすがにここまで長期の休みを取るのはまずい、家からネットで良いので会議に出席するように、と言われました。私は二度ほど会議に出ましたが、パソコンに向かっている間も頭痛や嘔吐に襲われて、とても会議に集中できる感じではありませんでした。勿論そう感じていたのは自分だけではありません。直属の上司からも、次回からの会議には出なくても良いと言われました。

体調不良に加え、会社に行けない、会議に出られない焦りも出てきて、精神的にもかなり辛い状態になって来ました。そんな私に、更なる不幸が訪れたんです。それは直属の上司からの電話でした。

「体調が悪いのは仕方がないし、気の毒だと思う。しかしここまで長期の休みを取られると、私の上司からもどうなっているんだと言われてしまっている。せめて君の仕事をまとめて、誰かに引き継ぐことは出来ないかな」そう連絡がありました。

私もそうしないといけないと思っていたので、同僚数名に連絡をして、手伝ってもらえないかと声を掛けました。しかし忙しさを理由に、誰一人として手伝ってくれる同僚が居ないんです。その事を上司に伝えると「分かった」と一言だけ言って、電話を切られました。

それから数日後、再び上司から電話があり、私のクビが言い渡されました。

「私も気の毒に思って上司に掛け合ったんだが、さすがに難しかった」そう言われました。

体調不良が続いている中、いずれこうなってしまう事は予想していました。予想していましたが、現実にその時を迎えると、さすがにショックは大きかったです。

上司の電話は、それだけでは終わりませんでした。

「それから、私が君に時計を貸したのを覚えているかな」そう言われて私は思い出しました。

同僚の結婚式があったので、高級腕時計をしていた上司から借りて、そのままになっていたんです。

「覚えてます。すみません。次にお会いした時にお返しします」

「いつも君はそう言うよね。その時計を貸したのは半年以上前だよ。会社で返してと言うと、いつも今度返しますって言うよね。君はもう退社が決まっているから、今日、会社の帰りに取りに行くよ」そう言って電話は切れました。

上司は夕方、私の部屋まで時計を取りに来られましたが、風邪が移ると困ると言われ、玄関の扉の郵便受けから渡しました。扉越しに、長い間すみませんでしたと声を掛けましたが、何も返事はありませんでした。

私は部屋で黒いシミの上の気配を感じながら、一人布団に寝転がり、様々な事を考えました。

今までお世話になった会社の事。同僚たちの事。会社以外の友人たちの事。家族の事など、まるで走馬灯を見る様に考えていると、このまま自分は原因不明の病気で死んでしまうのではないかと考えるようになりました。

そんな事を考えていると、私は友人や同僚達から、色々な物や金銭などを借りたままになっている事を思い出しました。そして、もしこのまま死んでしまう事になったら借りていた物が返せない、そうなる前に全てを返そうと思いました。

友人に長い間借りていた漫画があったので、その友人に連絡して取りに来てくれないかとお願いしました。すると友人はこう言いました。

「まだ手元に持ってたのか。何度も返してって言ったのに返してくれなかったから、もうとっくにどこかに売ってしまったと思っていた」何年も前に借りた漫画でしたが、この友人はとても気にしていたらしいのです。

この他、同僚に借りていた金銭も、友人に借りていた鞄や服も、連絡を取って全て返す事が出来ました。返す度に、もう忘れているかと思ったと、皆んなに言われました。

忘れていたと言うわけではなかったのですが、いつか返せば良いと思っていました。しかし人間はいつ死ぬか分かりません。今回の様に体調を崩して初めてそう思えました。

物や金銭だけではなく、他人から受けた恩、両親に産み育ててもらった恩、延(ひ)いてはご先祖様に対しても生きている内に感謝しなくてはいけない、と心から思いました。

お借りした物を返していく日々の中、気がついた事があります。それは、段々と黒いシミが薄くなっていったことです。そして全てを返し終えた日に、その黒いシミは完全に消え、元のフローリングの色に戻りました。と同時に、あの不思議な気配までもが消えたんです。そして、私の体調不良も、不思議なくらいに癒えました。もしかするとあのシミは、私に何かを貸していた人達の生き霊か、怨念の様な物だったのではないかと、今は思います。

男性はそう話し終えられると、先祖の供養（くよう）と世界の平和をご祈願されて帰って行かれました。

フローリングの黒いシミのお写真を見せて頂きましたが、そのシミが、生き霊の様な物だったのかどうかは、私には分かりません。分かりませんが、一つ確実に分かる事は、人から借りたものは必ず返さなくてはいけないという事です。

そしてもう一つ。私達の住んでいるこの世界には、まるで黒いシミの様に穢（けが）れている部分が多くあります。しかし、決して自身も汚れてしまってはいけません。泥の中に暮らしていてもその泥に染まる事なく、白い花を咲かせる蓮華の様に。

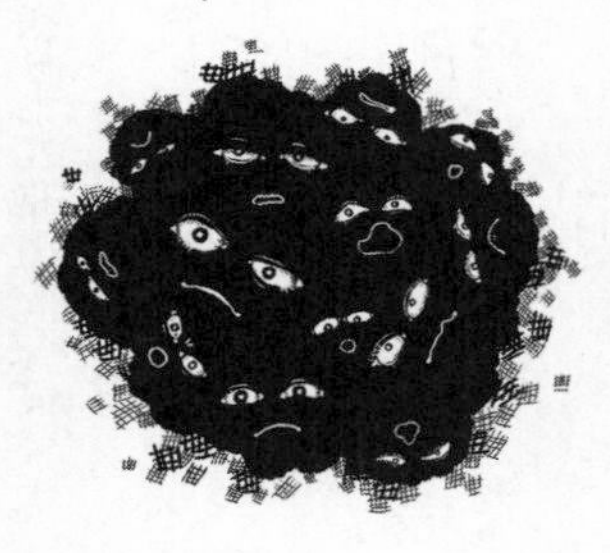

謎の女

「何故、私たちの子供は死んでしまったのですか。この世に本当に神様や仏様は存在するのですか」

鈴木さんご夫妻は、涙を流しながら、私に詰め寄る様にそう聞いて来られました。私は何も答えることが出来ませんでした。いや、まだ答えない方が良い様に思ったのです。

鈴木さんご夫妻には、お子さんが二人おられます。六歳になる長男さんの卓也君と、四歳になる弟のまさや君です。

ある日、ゴールデンウィークの連休を利用して、ご家族でご主人の実家で過ごしておられました。ご主人の実家は昔からある旧家で、家の前には田んぼが広がり、近くには綺麗な川もある場所です。

この川には、五月、六月になると蛍が沢山出てきます。ですからこの時期は、蛍を見ようとする観光客で賑わいます。さらにその川に架かる橋を渡った先に線路があり、蛍と電車の灯のコラボレーションが美しいと雑誌に紹介されたことがある程、景色の綺麗な場所です。

そんな映画に出てくる日本の原風景のような場所で、とても悲しい出来事が起こりました。

鈴木さんご家族は、夜、蛍を見ようと川まで四人で出掛けられました。川に着くと、沢山の方が写真を撮ったりして、蛍の光に酔いしれておられました。

「たーくん電車見たい」長男の卓也君は、電車が好きで、夜に走る電車を見るのを楽しみにしていました。

「よし、それじゃあ電車を見に行くか」ご主人がそう言った時、まさや君が「行きたくない」とゴネ始めました。「まーくん行きたくない。帰りたい」と泣き出したのです。

仕方がないので電車は明日にして帰ろう、となったのですが、今度は卓也君が電車を見たいと引き下がりません。

「絶対に嫌、行かない、行きたくない」とまさや君が大泣きし出しました。恐らく慣れない家に宿泊し、慣れない場所に来て疲れたのか、このくらいの子供にはよくある事です。

その時、お兄ちゃんの卓也君が「まー君、大丈夫、大丈夫」と言いながら弟の頭を撫で始めました。すると、まさや君は安心したように寝てしまいました。

まさや君が寝てしまったので、そのままご主人が抱っこして帰ることにされました。

「パパごめんね」卓也君がそう言うので「大丈夫、パパはまた明日にでも見るから」そう言ってご主人は先にまさや君を連れて帰りました。

奥様と卓也君は、二人だけで、手を繋いで川に架かる橋に向かいました。そして橋を渡りながら、二人はこんな話をしたそうです。

「ママごめんね」

「いいよ、折角ここまで来たんだし、電車と蛍の両方の光をママも見てみたいしね」

二人で手を繋ぎながらそんな話をしていると、前から髪の長い金髪の女性が歩いて来られました。そして、その女性は奥様を見ると、立ち止まって深く頭を下げられました。見覚えのない女性でしたので、人違いかなと思いながらも軽く会釈を返されたそうです。

するとその女性は、声を発するでもなく、再び深く頭を下げられたそうです。さすがに人違いだと伝えようとその女性に近づこうとしたその時、卓也君は奥様の手を離して、先に走り出しました。

「ママ、先に行ってるからね」

「うん分かった。直ぐに行くね」そう言って、再び女性の方に目を向けると、その女性の姿はそこにありませんでした。

おかしいな、あの女の人はどこに行ったのだろうと見渡されましたが見つかりません。不思議に思いながらも、卓也君の所に行こうと橋を渡られましたが、卓也君までも見つけることができません。

「卓也ー、卓也ー」何度も呼びましたが、返事は一向に返ってきません。心配になってご主人に電話をしようとしたその時、丁度、ご主人からも電話が掛かって来ました。

「もしもし、二人とも大丈夫か、卓也は大丈夫か」電話の向こうで、ご主人は、何か取り乱している様子でした。

「どうしたの、私は大丈夫だけど、卓也と逸れたから今探している所よ」そう答えると、ご主人は「今すぐそっちに行く」それだけ言うと、電話は直ぐに切れてしまいました。

ご主人が何を焦っているのか分からないまま、再び卓也君を探そうとしたその時「キャー」という大勢の人の悲鳴と共に「大丈夫か、しっかりしろ」という声が遠くから聞こえてきました。

その声が聞こえてくる方向には、線路があります。この時、奥様は酷い動悸がしたそうです。何か悪い予感がする。そう思いながら声の方へ行くと、そこには人だかりが出来ていました。募る不安と共に、その人だかりを掻き分けて行くと、子供が倒れていました。

どうやら電車に撥ねられた様で、頭から出血していました。そしてよく見ると、その子供は卓也君だったのです。ご主人が駆けつけたところまでは記憶にあるそうですが、奥様はその後のことは殆ど覚えていません、との事でした。この接触事故で、卓也君はこの世を去りました。

ご両親の後悔は大変深いものでした。あの時一緒に帰っていれば、あの時手を離さなければ、そもそも田舎に帰省しなければなど、色々と後悔や反省が出てきたと仰います。

「もし神様や仏様が存在するなら、何故、私たちの子供は死んでしまったのですか。何故、守ってくださらなかったのですか。何故こんなにも早くこの世を去ってしまったのですか。あの子は幸せだったのですか」

鈴木さんご夫妻には、寂しさと矛盾、悲しみと怒り、反省と後悔、色々な思いがそこに有るのが、痛いほど私には感じられました。

どのように答えるべきか、私は黙って考えていました。するとご主人は、つぶやくように言われました。

「やっぱりあの金髪の女性と関係があるのですか」と。

「奥様と橋の上で会われた女性のことですか」私は突然の問いかけに戸惑いました。

「そうです。あの女性とは、私も会っているんです」

「え、どういう事ですか」驚く私に、ご主人は説明してくださいました。

ご主人が奥様に電話を掛けられたあの時、電話先で焦った様子だったのには、ある理由がありました。

ご主人は次男のまさや君を実家で寝かせ、実家の両親に後を頼むと、直ぐに奥様と卓也君の所に向かおうと外に出られたそうです。すると向こうから長い金髪の女性が歩いて来られました。そして、ご主人に向かって、深く頭を下げられました。誰かと勘違いされているのかもしれないと思ったご主人は、声を掛けようとその女性に近寄って行きました。そして、こう声を掛けられたそうです。

「すみません。もしかして何方(どなた)かと間違えておられませんか」そうご主人が声を掛けると、女性は意外なことを言って来たのです。

「お子さん、電車に撥ねられてませんか」その女性は悲しそうな表情でそう言って来られたそうです。

「一瞬、意味が分からなかったのですが、もしかして卓也の事かと思い、家内の元に向かいながら電話を掛けたんです。あの女性が何か関係あるんですよね」

確かに、時間的に見ても、その金髪の女性は事故の事を事前に知っていた様ですし、奥様とご主人がほぼ同じ時間帯にその女性と会われている事も不思議です。卓也君と何らかの繫がりがあるとしか思えません。

しかしながら、私にはその繫がりがどの様なものなのかは分かりません。

「卓也君が何故事故によって幼い命を落としたのか、その因果については、今の私には分かりません。すみません。ただ、仏様や神様は居られます」私はそう答えました。

鈴木さんご夫婦は、明らかに不満そうでした。

それはそうでしょう。こんな悲しい別れがあったばかりです。神仏の存在を認められる訳がありません。それでも神仏は居られるのだと、細かな説明を今するのは酷なように思えて、これ以上は話が出来ませんでした。

そんな事があって、一年以上が過ぎた頃です。あれから一切連絡のなかった鈴木さんご夫妻から会いたいと連絡を頂き、お会いする事になりました。

久しぶりにお会いするご夫妻は、あの時とは違って、明るい雰囲気に感じられました。そして今回は、まさや君も一緒に来てくれました。

「大変ご無沙汰しております」ご夫妻はそう言って深く頭を下げられると、あれからの事をお話し下さいました。

あれから私達夫婦は、塞ぎ込む事や泣く事が多く、お互いが大きなストレスを抱えており、喧嘩の数も増えました。そんなある日、また夫婦で口論をしていると、まさやが私達にすごい剣幕で怒り出したんです。

「お兄ちゃんの分まで笑ってないとダメなのに。僕はお兄ちゃんの分まで笑うもん」

その言葉に私達は恥ずかしくなり、まさやに謝りました。するとまさやは続けてこう言って来たんです。

「お兄ちゃんは金色の髪のおばちゃんと行っちゃったのに」と言い終わると、大声で泣き出しました。

〝金色の髪のおばちゃん〟という言葉に驚きを隠せませんでした。私達はまさやを落ち着かせて、その女性について話を聞きました。

まさやの話では、ある日の夜、寝室でお兄ちゃんと二人で寝ていると、夜中に突然部屋の扉が開いたそうです。そして、金色の髪の女の人が、まさやの手を引っ張って連れて行こうとしたそうです。全く嫌な感じはしなかったそうで、まさやが付いて行こうとしたその時、卓也が起きてきて、手を離すようにその女性に言ったそうです。

するとその女性は「代わりにお兄ちゃんが来てくれるの」と質問したそうです。その問いに卓也は頷いて応えました。すると女性は、まさやの手を離して、そのまま部屋を出て行ったとの事です。

それから暫くして、家族で田舎に行く前の日、卓也は弟のまさやにこう言ったそうです。

「お兄ちゃんが居なくなったら、まさやはお兄ちゃんの分まで楽しんで生きてね」

「お兄ちゃん、どっか行っちゃうの」そうまさやが悲しそうに聞いた時、卓也は続けてこう答えたそうです。

「お兄ちゃんは、家族の悪い物を全部持って先で待ってるから、ゆっくりおいで。何も悲しい事じゃないんだよ」そう言ったそうです。

私はこの話を聞いて、もしこれが事実なら、それなら親のどちらかが先に行くべきなのにと思いました。しかし、卓也には分かっていたのかもしれません。

実は、弟のまさやには、少し知的障害があるんです。もしどちらか両親の一人が居なくなってしまうと、まさやが生きていけないと考えたのではないでしょうか。

そんな事を考えていると、近づく事も辛いと思っていた事故現場に、家族で行こうという話になりました。何となくあそこに行くと卓也に会える気がしたんです。

早速、次の日に私達家族は実家へと向かいました。そして実家に寄った後、事故現場へと向かいました。その場所は、とても辛く、悲しい場所である事に変わりはありませんでした。しかし、どう表現すれば良いのか分かりませんが、何故か私達家族は暖かい空気に包まれ、落ち着いた気持ちになれたのです。

そして、その晩、実家に泊まった私はこんな夢を見ました。

そこはとても美しい草原で、美しい花々が咲いている場所でした。素晴らしい場所だなと思っていると、そこに楽しそうに笑う子供の声が聞こえて来ました。私には直ぐに分かりました。卓也の声でした。卓也は楽しそうに沢山の子供たちと笑いながら「パパー」と声を掛けてこちらに話しかけて来てくれました。

私が近づいて抱っこすると、卓也の体温、匂い、重さ、全てを感じ取る事ができました。そして「一緒に帰ろう」そう私が言うと、卓也はこう言いました。

「パパ、僕はみんなが来るまでここにいて、みんなの事を見てるから安心して。まさやが大きくなって、一人で生活できるようにしてあげてね」そう言うと私の手から離れて、花畑の方に走って行きました。私が追いかけようとしたその時、ある女性に手で制止されました。見ると、金髪の例の女性でした。私が立ち止まると、その女性は私に向かって、深々と頭を下げました。

その瞬間、私は夢から目覚めました。この話を家内にしますと、何と家内も全く同じ夢を見ていたんです。全く同じ夢を見る事などあり得ませんから、間違いなくあれは現実だったのだと確信しています。そして、あの金髪の女性は、もしかすると、天女か何か、神様の使いの方だったように思います。

そんな話を鈴木さんはしてくださいました。そして最後にこう仰いました。

「三木住職、以前にこの世に神様や仏様は居ますかとお聞きしましたが、居られるのだと私にも分かったような気がします。少なくとも、私たち家族にとって、卓也は仏様のように思います。卓也が喜んでくれるように、これからは出来る限り家族で笑って過ごします」そう力強く言われました。

そしてお寺から仲良くお帰りになられる三人のお姿を見送らせて頂きました。

第二章

願

祈りの効果について、色々な国や大学、病院などで研究がなされていま す。例えば、心臓病の患者さんに対して治る様にと、他人から祈りを毎日捧げてもらいます。その結果、患者さんは祈って貰っている事も知らないのに、治りが早かったという結果報告がされています。

植物なども、祈られた植物の方が育ちが良いという事もお聞きします。統計学的なものではありますが、何にせよ、祈りの効果はあるという事です。そして更に驚くべき事に、他人の幸福のために祈った人は、憂鬱や不安から来る病に罹りにくい事まで分かって来ました。科学的、統計学的には驚くべき結果です。

しかし、この事は宗教の世界では当たり前なのです。特に仏教では、因果応報というシステムの教えがあり、統計を取るまでもなく自明のことなのです。

人の為に役立つ事をしたり祈ったりする事は、善い結果を生むのです。これは同時に、悪い事をしたら悪い事が返ってくる事も証明しています。

私達の日常には、邪魔くさい事や嫌なことがありますが、それを何処かの誰かの役に立つためにやるんだと考えたら、その報いもきっと善いものとなるのでしょう。

り ます。

秘湯

私は講演や出版に関する取材、テレビのロケなど、遠方に出掛ける機会が多々あります。

その都度、旅館やホテルに泊めて頂くのですが、観光をする時間まではなかなか取れません。特に温泉の近くまで行ったけれど、温泉に浸かる事なく次の場所に行かなくてはいけない時などは、勿体無いな、惜しいな、という気持ちになります。

さて今回は、秘湯を巡るのが趣味だという、ある女性のお話です。

秘湯と言いましても、この方が行かれるのは、私が想像していたものとは違い、人里離れた山の奥地に湧き出ている温泉の事でした。幾つかお写真も見せて頂きましたが、場所によってはただの水溜りに見える様な所もありました。

「こんな水溜りの様な温泉にどうやって入浴されるのですか」そう私が尋ねますと
「ほぼ人は来られませんので、真っ裸になって、猫のように体を丸めて入ります」

と彼女は答えました。ただの温泉好きではない発言だと、私はとても感心しました。

この温泉水の温度は何度で、効能はどういったものがあるかなど、本当に楽しそうにお話しされます。心から好きなものがある方が持つ特有の心地よい明るさを感じながら、私まで現地に行っている気分になれました。

そんな彼女がお寺に来られたのは、ある方の供養をしたいとの事からです。

「どなたの御供養をされたいのですか」私の質問に、それまでとても明るくお話しくださっていた女性は、まるで天気が急激に変化した様に、突然寂しそうなお顔をされました。

あれほど明るくハリのあった声が湿気を帯びたかの様に沈み、暗く重い声で話し出されました。

私は秘湯に入るのが好きなのですが、そこに行き着くまでの道中も好きなんです。エンドューロータイプのバイク（山道や林道の様な未舗装の道でも走れるバイク）で、誰に気兼ねすることなく、ひとりで目的地を目指します。その日は、携帯電話に入れている地図アプリに経度緯度を入力して向かいました。

目的の山に着き、いよいよ未舗装の山道に入りました。自然の空気や、木々の間から差し込む光に癒されながら、気持ちよくバイクを走らせていました。

しかし、中々目的の場所に辿り着くことが出来ませんでした。と言いますのも、地図アプリが現在地を見失ってしまっていたんです。山の奥地ですから電波の届きにくい場所もあり、これ自体は特に大きな問題ではありませんでした。それでも、今にして思えばこの時から怪異は始まっていたのかもしれません。

私は頭の中で、自分の現在地の見当をつけて、恐らく目的地はこっちだ、あっちだと山道を走り回りました。時にはバイクを道の端に置いて、山の斜面を歩いてもみました。それでも中々、目的の秘湯を見つけることは出来ません。しかし、かなり近くまで来たのに諦めるのは嫌でしたから、その後も目的地を目指してバイクで走り続けました。

迷いに迷って苦労した時ほど、秘湯を見つけて入浴した時はとても気持ちが良く、癒されるものです。これは空腹の時に食べるご飯と同じかもしれません。その喜びを感じたくて、この時は少し意地になっていました。

どのくらいの時間走ったのか、山に入る直前に満タンにしたガソリンも既に半分を切っていました。そこでようやく少し冷静になりました。辺りを見渡すと、バイクのライトをそろそろ点けようかなと思うほどに、少し暗くなって来ていました。携帯電話の時計表示を見ると、午後五時前でした。

「もし今、秘湯が見つかったとしても、入浴していると帰りは夜になってしまう」

そう思った私は、さすがに引き返すことに決めました。

明るい時間帯とは違い、少し薄暗い道は、とても走りにくく神経を使いました。

バイクを走らせているのも、ヘルメットを被っているのも、さすがにここまで長時間になるとストレスになってきました。

人間は目標を失うと、それまで楽しかったものまでが、苦痛としか感じなくなる時があるように思います。秘湯にたどり着くという目標を失った私は、徒労感に襲われ、蓄積していた疲労が一気に体にのしかかってきました。まるで、何者かが私の背中に乗ってきたかの様でした。

「一度、何処かで休憩をして、ヘルメットを脱ぎたい」そう思った私は、適当な広場を見つけて休憩する事にしました。広場らしい広場はありませんでしたが、坂道から平坦な道になった所でバイクを停めました。とても狭い、道と言えるかどうかも分からないような林道、すれ違う車両も人もまるで居ませんので、私はそこにバイクを停めました。そしてヘルメットを脱ぎ、リュックを背中から下ろしました。リュックをどこに置こうかと周りを見ると、人工的に作られた様な、小さな丸テーブル状の石がありました。そこにリュックを置いて、自分は土の上に腰を下ろしました。

ヘルメットを脱ぎ、リュックを下ろすと、まるでサウナから出た時のような爽快感を感じました。鼻から思い切り大きく息を吸い込むと、肺の中まで冷気がすっと入ってきました。それを口から吐き出すと、今自分の置かれている状況を冷静に見ることが出来ました。冷静に考えると、もうすぐ七月になろうとしているこの時期に、ここまで暗くなるものだろうかと疑問に思ったんです。

　その疑問の答えはすぐに解りました。ヘルメットを被り、バイクを走らせていると気が付かなかったのですが、木々が激しく風に揺れていたんです。

「雨が来る」この暗さは雨雲のせいだったんです。

「この状況で激しい雨が降り出したら、無事に山を降りられる自信がない」やっと冷静になれた私に、再び焦りの気持ちが生じてきました。

「早く山を降りないと危険だ」私は急いでヘルメットを被り、再びバイクのエンジンをかけました。登ってきたであろう山道を降り始めた時には、ポツポツと雨がヘルメットに当たる音がし始めました。

　どのくらい走ったのか、私は携帯電話の地図アプリを開きました。しかし相変わらず地図はクルクル回って、現在地を特定出来ません。仕方なく更にバイクを走らせましたが、ここで不思議な事が起こったんです。

　山の中の林道ですから似たような道や場所はよくあります。来た道を引き返しても、さっき通った道だと錯覚する事もあります。しかし、この時は錯覚なんかではありませんでした。何故なら、あの小さな丸いテーブル状の石がそこにあったからです。

「焦りのあまり、同じ所に戻ってしまったのか。いや、何処かで引き返さない限りそんな事はあり得ない」私は焦りに加え、山には怪異が多いと聞いたことがあったために、恐怖を覚え始めました。

「取り敢えず今出来ることは、山を降りる努力をすることだ」私は再びバイクを走らせようと、アクセルを回したその時です。頭上から大きな波の様な音が聞こえて来たんです。

「ザーーーーザーーーーー」

一体何の音かと一瞬驚きましたが、その音の正体は、木々の葉っぱに雨が当たる音でした。そしてその音に遅れて、大きな風が吹きつけ、一気に私の体を濡らしました。恐れていた最悪の事態になってしまったんです。

それでも私はバイクを走らせました。ぬかるんだ道を今まで以上にゆっくりと走りました。どのくらい走り回ったのか、それでも一向に山から抜け出す事が出来ません。木々が風に揺れる音、雨の音も先程より激しくなってきて、周りの暗さも更に増してきました。急な事態に、これ程までに自分は何も出来ないのだと情けなくなる思いでした。

ところがどこをどう走ったのか、突然開けた場所に出たんです。そしてそこには、一軒の廃屋が建っていました。私が廃屋だと判断したのは、屋根は崩れ、手前に瓦も散乱しており、玄関らしき箇所の扉は破けて、中が丸見えになっていたからです。

「こんな所に人が暮らしている訳がない」そう思った私は、雨を避ける為に、一旦この建物で休ませてもらう事にしました。

玄関前にバイクを停めて、ヘルメットを脱ぐと、私は玄関から家の中に入っていきました。

「お邪魔します」誰も居ないことは分かっていましたが、反射的に声が出ていました。

　建った頃は豪邸だったのだろうと思わせるほど、中はとても広かったです。床が崩れている部分もありましたので、私は靴のまま上がり込みました。

　屋根に穴が空いているので、手前の部屋などは雨が降り込んで来ていました。一部、滝のようになっている所もありました。私はそのまま家の奥へと進み、雨の当たらない場所を探しました。一番奥に、襖（ふすま）で仕切られた部屋があったのですが、ここは殆（ほとん）ど雨が降り込まない場所でした。私はこの部屋で休ませてもらう事に決めました。この時の私は、混乱はしていましたが、心の中では取り敢えず冷静さを少しでも取り戻さなければいけないと考えてもいました。

部屋の中にリュックを下ろし、中から水の入ったペットボトルを取り出して喉を潤しました。本来なら、秘湯に浸かりながら飲むつもりだったのに、まさかこんな状況になるとは思ってもみない事でした。続いてバスタオルを取り出し、濡れた髪や顔、体を、服の上からではありましたが、一通り拭きました。すると不思議なくらいに心が落ち着いてきたのです。

ここで、もう一度自分が今置かれている状況や、すべき事を考える事にしました。先ずは携帯電話で時間を確認すると、まもなく午後六時でした。地図アプリは未だ現在地を特定出来ていません。外は相変わらずの大雨。さて、この状況で、私の取るべき正しい判断をどう下せば良いだろうか。自問自答する中で、答えはひとつしかないとも思っていたんです。私は腹を括りました。

「よし、ここに一泊しよう」宿泊道具は持ってきていませんでしたが、一泊くらいは何とでもなる。リュックの中には、コンビニで買った、おにぎりとお菓子が少し入っていました。それと、秘湯から出た時に寒いといけないと思って、ブランケットも入れていました。これだけあれば十分に朝を迎えられる。そう思うと精神的にも安心して、とても冷静になれました。

人間は冷静さを失ってはいけないと、子供の頃からそう思ってきました。特に、バイクの運転で人里離れた山に入る時は、絶対に混乱してはいけない。それは大きな事故に繋がるから、と思って今まで生きてきたんです。でもそれって本当なのでしょうか。
　私は廃屋の一室で、日が暮れて暗くなっていく中、たった一人でいる事、そして
ここに一泊しようとしている自分が異常な人間に思えてきたのです。そして何故か
ネガティブな感情に襲われ、このままではいけない気がして、誰かの声を聞いたら
落ち着くはずだと、友人に電話をかける事にしました。
「プルルル　プルルル」お願い出て、出てくれないと自分がおかしくなりそう。
そう願う気持ちで、呼び出し音を聞いていました。
「もしもし」願いは叶い、友人が電話に出てくれました。
「もしもし、今私ね、ひとりで廃屋にいて……」私は今置かれている状況を説明し
ました。取り敢えず誰かに分かって欲しかったんです。
「え〜、それは大変だね〜」友人はこの時、居酒屋さんで他の友達とお酒を飲んで
いたらしく、こちらの言っている事があまり伝わっていない様でした。
　その後少しして電話を切りました。
　電話を切ったとたん、廃屋の中の静けさが、更に深いものの様に感じました。雨
は相変わらず激しく降っていましたが、不思議なことに自分のいるこの部屋にはそ
れ程音は入ってきませんでした。まるで開かれた襖が境界線であるかの様に、ここ
だけが時に取り残された別世界のように感じました。

恐怖と疲労の中、私は目を瞑り、少し寝ることにしました。どのくらい寝たのかは分かりませんが、起きて目を開けても、部屋の中はまだ真っ暗でした。暗闇の中、目が慣れてくれれば少しは物が見えるのかと、少しの間、真っ直ぐに暗闇を見つめていました。

それは一瞬のことでした。そこに何かがいる気配を感じたんです。しかも気配は、じっと私を見ている気がしました。もしかするとこの時、私は何者かと目線が合っていたのかもしれません。気配は時々動いているのです。恐怖と戦いながら、そこに何がいるのかを探ろうとしました。気配は時々動いているのですが、恐らく背丈は人間くらいのサイズだと感じました。もしかしたら熊かなとも思いましたが、襲いかかってくる感じはしません。私は目だけを開けて、じっと動かないようにしていました。しかし数分経っても、その気配は消えてくれませんでした。

「この暗闇の中に、誰かがいる」正体不明の誰かに向かって「お願い、消えて」と祈ったその時でした。

「はあーーー」私の耳元で、男性らしき大きな溜息が聞こえたんです。そして気配は全くしなくなりました。

「一体あのため息は何だったんだろう。それにしても深く大きなため息だった。何か人生に行き詰まり、大きな悩みを解決出来ずに諦めてしまった時のため息の様だったな」そんな事を考えていると、自分の置かれた状況に似ているようにも思えて来ました。

「目的地の秘湯を探すのを諦め、辛く長い道を乗り越えて、たどり着いた場所は、潰れた廃屋の小さな部屋の暗闇。電話をした友人は、今も仲のよい友達と楽しそうに食事をしているだろう。それに比べ、自分はなんと情けない環境下にいるのか。私以外の人達は、今頃楽しい時間を過ごしている、仮に楽しくなくても、私ほどの孤独や辛い想いをしている人はいないだろう。いや絶対にいない。そして、よくよく考えてみれば、子供の頃から辛いことも多くあり、今は仕事も辛い。私の人生は他の人と比べると、とても辛くてしんどい事が多くあった。私の人生は決して恵まれたものではなかったし、これからもきっとそうに決まっている。こんなに辛くてしんどい人生なんて、生きていても仕方がないし、生きていたくない」そう思った私は、自殺しようと考えました。

「この真っ暗で、人里離れた廃屋の中は、まるで自分の人生のようだ。今までの私の人生を終わらせる場所としては最高の場所だ。死のう。死のう。生きていたって仕方がない」そして、私は何か自殺のできる道具はないかと携帯のライトで照らしながら、辺りを探し出しました。するとそこに、タイミングよくロープが落ちていたんです。

「やった、これで死ねる。楽になれるんだ」そう思ったその時でした。「ガシャーン」という鈍く大きな音がしたのです。そしてその音を聞いたまでは覚えているのですが、そのまま気を失ってしまったんです。

再び目を覚ますと、部屋の中がかろうじて見える程に明るくなっていました。「なんだ夢だったのか」そう思ったんですが、右手にはしっかりとロープを握っていました。やはり夢ではなかったんだと思って手に持ったロープをよく見ると、頭のサイズほどの輪っかが出来ていました。

輪っかを作った覚えはないし、このように輪っかを作るには、少し考えて作らないと上手く出来ない様に思えました。もし、私ではないと仮定した場合、一体誰がこの輪っかを作ったのだろう。

やはりあの暗闇の中に誰か人間がいて作ったのだろうか、もしそうなら足跡か何かが残っているかも知れないと思い、ロープがあったであろう付近を、まだ薄暗い中、調べてみました。

一瞬、まだ寝ぼけているのかと思いましたが、指で触れた時、間違いないと確信しました。ロープがあったその場所には、明らかな白骨遺体が横たわっていたんです。どうやらこのロープは、この方が亡くなる時に使われたものだったようなのです。

この時の私はそれをみても全く動揺することはありませんでした。あの辛かった道のりや暗闇に耐えて来られた自信がそうさせたのだと思います。

廃屋から外に出て見ると、すっかり雨は上がり、綺麗な青空が広がっていました。携帯電話の地図アプリを見ると、現在地をしっかり捉えていました。そのまま携帯で警察に通報し、その場で待つことになりました。停めていたバイクを見ると、雨が酷くてスタンドが滑ったのか横倒しになっていました。あの時の音は、バイクが倒れた時の音だったんです。

廃屋に再び入ると、暗かった室内にまで、太陽の光が差し込んでいました。その光景はとても美しく温かく、今でも脳裏に焼き付いています。

女性は薄らと涙を目に浮かべながら、このようなお話をしてくださいました。

後に警察の方に聞いたお話では、あの白骨遺体は若い男性で、数年前に首を吊って自らの命を絶たれた人だったそうです。

女性は、あの時孤独を感じたり、おかしな行動をとったりしていたのは、この男性の霊が、自分の孤独を伝えたかったからかもしれない、と仰っておられました。

そして、あの時、バイクの倒れる音で正気に戻れたので、これまで苦楽を共にしたバイクは、この先も大切にして一緒に旅をします、と笑顔で教えて下さいました。

私にも今までの人生で苦しい時期があり、死にたい、死のうと思ったことが数回あります。

しかし、もしその時に死んでいたなら、私はどうなっていたでしょうか。

今頃、輪廻転生して、また再び同じ苦しみに遭っているはずです。そして、次の世界でもまた同じ苦しみに耐えきれず自ら死を選んだとしたら、その次の生では更に苦しい世界に生きなくてはいけません。

仏教では、私たちの住んでいるこの世界は、仮の世界だとされています。

では何故、仮の世界が存在するのかと言いますと、それは、私たちが悟りを得る為に修行の場所が必要だからです。その場所がこの世界なのです。

修行とは、辛く苦しいものです。しかし、それを乗り越えると、人間は強く成長することが出来ます。それを繰り返すことで、やがては苦しみのない世界へと行けるのです。

正確には、苦しみのない世界に行けるのではなく、苦しみの世界でも苦しみに動じることのない自分になっているのです。

この女性は、強烈な雨と風の中、道なき道を、何度も何度も迷いながら自分が今どこにいるのかも分からない状態で走られました。そしてやっとたどり着いた場所はボロボロの廃屋で、暗く孤独な中、日の光が差し込むまで頑張って来られました。

それはひとつの修行の完成だったのかもしれません。白骨のご遺体を見つけられた時に動じなかったのは、そのせいでしょう。そして、ご自身が感じられた孤独や寂しさが、亡くなられた方の気持ちを受け止められる慈悲となったのではないでしょうか。

落とし物

このお話は、私がAさんという女性からお聞きした話です。Aさんは、自分の住んでいるアパートで非常に多くの怪奇現象が起こるということで、お寺に相談に来られました。

私が詳しく内容をお尋ねすると、こんな話を聞かせてくださいました。

Aさんは一人暮らしでアパートの五階に住んでいるのですが、時々夜になると、どこからともなく若い女性の声がする。その女性は何かを話しているようですが、その内容まではわからない。

また別の日は、部屋に帰ると閉じていた本が開いていたり、置いていたコップの位置が変わっている。

決定打となったのは、ある日の夜、仕事を終えて自宅に帰る途中のことでした。

Aさんが、ふと外から自分のアパートを見上げると、五階にある自分の部屋のベランダにまったく見たことのない、三十代ぐらいの若い女性が立っていたそうです。

ベランダの女性も明らかにAさんに気づいた様子で、ずーっと見つめている。Aさんは怖くなって、すぐに管理人さんに事情を話して一緒に部屋に行きましたが、誰もいない。いないどころか、人がいた形跡すらそこにはなかったそうです。

一通りAさんのお話を聞いて私はこう尋ねました。

「いつからこんなことが起こったのですか?」

「あ、もしかしたらこれがきっかけかな」

実は、Aさんはある落とし物を拾ってからこういう現象が起こり始めたそうなのです。

「その落とし物はなんですか?」

「お財布を拾いました」

「それはもう警察にお預けになったんですか?」

「実は、届けていないんです」

Aさんはある日、仕事終わりに同僚とお酒を飲みに行き、その帰り道にある交差点で財布を見つけて拾ったそうです。ところが、Aさんはベロベロに酔っていたうえに雨が降っていたこともあり、警察に届けることなく、自宅へ帰ったそうです。

「結局、いまだに警察に届けていないんです。その財布を拾ってから家で怪奇現象が起きている気がします」

「わかりました。では、まずお財布を警察に届けてみましょう。それで一度、様子を見ましょうか」

彼女はそのまま自宅に帰りましたが、すぐに慌てた様子で私のもとへ電話をかけてきました。

「よく見たら財布にお守りが付いているんです。もしかすると、このお守りが何か私に祟りのようなものを起こしたんじゃないですか？」

「お守りですから、そんなことはないと思うので、とりあえず警察に届けてください」

その後、Aさんが拾った財布を警察に届けたところ、警察からこんな話をされたそうです。

「この財布は、すでに持ち主の方が探していたものかもしれません。財布の中身や形状などが一致して、その方のものだと確認できればすぐに連絡します」

それからしばらくすると、Aさんのもとへ警察から連絡がありました。

「財布の持ち主がわかりました。持ち主は三十代の女性だったのですが、実はこの女性、もうお亡くなりになっています」

財布の持ち主である女性は、Aさんが財布を拾った交差点で車にはねられて亡くなってしまったそうです。財布は、女性が車にはねられた時にどこかに飛んでいってしまった。それをAさんがたまたま見つけて拾ったのです。

財布を探していたのは、その女性のご主人とご両親でした。Aさんはご遺族からとても感謝されたそうです。

「よく財布を見つけてくださいました。実は、この財布をずっと探していたんです」

なぜ財布を探していたかというと、亡くなった女性には小さな娘さんがおり、ご主人やご両親は娘さんから「ママが持っていた財布を見つけてほしい」と頼まれていたそうです。ところが探せども探せども、財布は見つからなかった。しかし、Aさんが財布を拾って警察に届けたことでご遺族のもとに財布が戻ってきたのです。Aさんの前でご遺族がその財布の中身を見ると、家族の写真や子どもの写真が出てきたそうです。

「あーよかったな。これで無事にお返しできた」

Aさんも安心したのですが、気になっていたことが一つありました。それは財布に付いていたお守りです。

すると、娘さんが「このお守りの中身を見たい」と言ったそうです。

しかし、ご遺族はお守りの中身を見るとバチが当たるのではないかと考え、お守りを開けないでおこうとしました。

お守りが気になっていたAさんは、ご遺族にこんな提案をしたそうです。

「娘さんがあまでおっしゃるので、もしよければ私の知り合いに蓮久寺の三木住職という方がいるので、その方の許可を得て、その方に中身を見てもらいませんか?」

そうして私のお寺にAさんと女性のご遺族がいらっしゃいました。

私は一連のお話をお聞きした後、「わかりました。一度、中身を見てみましょう」ということで、お経をあげてお守りの中身を取り出しました。

すると、そこにはなんと、この女性が亡くなられる前に書かれた遺書がありました。一通は自分の両親に向けて。一通は、ご主人に向けて。もう一通は娘さんに向けて書かれた遺書でした。この遺書にはまるで自分が突然死ぬかもしれないと予想していたかのように、こう書かれていました。

〝自分が死んだ時には悲しまないでね〟

〝私がいなくても頑張ってね〟

詳しい内容はお話しできませんが、そういったことが書かれていました。

この出来事があって以降、Aさんの自宅では一切の怪奇現象がなくなったそうです。

一見、これは怪奇現象に思えましたが、実は事故で亡くなった女性が「どうか遺書を届けてほしい」そういう思いで起こされたものだったのかもしれません。怪奇現象=怖いと思われがちですが、もしかすると、亡くなられた方の何かメッセージが隠されているのかもしれません。

共感

美しい場所に行き、美しい景色を見るのは、とても幸福な時間です。しかし、その景色を誰かと共有出来たら、更に幸福な時間となります。これは悲しい事でも同じです。

悲しい出来事や苦しい事があったとしても、その悲しみや苦しみに共感してくれる人がいると、それだけで少し救われた気分になります。

そういった意味では、心霊体験は孤独な体験の一つではないかと思います。何故なら、科学で推し量ることが出来ないので、他の人が共感し難いわけです。

それでも共感して欲しい、信じて欲しいと、私の元にお話しくださる方が来てくださいます。

さて、今回もそんな共感を求めて、一人の女性の方がお越しになられました。

「当たり前ですが、最初は本当に誰にも信じてもらえなかったんです」そう興奮気味にお話をはじめてくださったのは、とあるマンションにお住まいの三十代の葉山さんという女性の方です。ＩＴ関係のお仕事をされておられ、趣味は引っ越しだそうです。パソコンさえあれば何処でもお仕事が出来るので、引っ越しも頻繁にされるようです。

実は私は、事故物件に住んだ事が今までに結構あるんです。事故物件の良さは、何より格安な家賃です。酷い事故があった部屋ほど安くなります。例えば、殺人事件や複数の人が亡くなっている部屋なんかは、飛び抜けて安くなります。私は心霊現象を信じていませんでしたので、全く怖くもなく、ただ安さに惹かれて住んでいたんです。時々、家鳴りのような音がしたり、戸が勝手に開いたりはしました。しかしこれは建て付けのせいで、心霊現象ではないと思います。恐らく心霊現象を信じる人は、これを霊のせいだと言うに違いないと思います。

では今も霊の存在を否定しているかと言えば、そうではありません。霊は存在し、それによる霊現象も確かにある事を知りました。本当の霊現象は、今私が住んでいるマンションで起こっている事を言うのだと思います。

私は、いつも仕事でパソコンばかり見ています。ですので引っ越しをすることで少しはストレス解消になります。部屋はもちろん、買い物に出掛けた時の街の様子が変わると、気分も変える事ができるんです。環境の変化が、私にとってはストレス解消になっています。

普段から必要な物以外は買わない、いわゆるミニマリストです。引っ越しの時も段ボールが三つもあれば十分です。ですから引っ越しの費用も時間も体力も、ほとんど必要としないんです。

そんな私が引っ越しで一番気になるのは、やはり家賃です。格安で広い部屋に引っ越せるということで、事故物件に目を付けたわけです。

不動産屋さんの話では、今住んでいるマンションの部屋で、以前住んでおられた方が自殺をされたそうです。そしてこのマンションの他の部屋にも事故物件が数軒あるそうです。

そんなマンションに引っ越してきてからの事です。私の部屋は四階なので、エレベーターで四階を押します。しかし四階を通り越して五階に着いてしまったことがありました。私はすぐに管理会社に連絡してエレベーターの点検をお願いしましたが、特に異常はないと言われました。

ある時は、部屋で一人仕事をしていると、ブルートゥースのスピーカーから突然音楽が鳴り出しました。しかもその音楽は、私が聞いたことすらない音楽です。その他にも、玄関の鍵を開けて部屋に入ろうとすると、誰かが中から玄関扉を引っ張るんです。私の方も頑張って引っ張ると、少し扉が開くので、明らかに中に人がいて中からノブを引っ張っているのが分かりました。ですのですぐに警察に連絡をしました。警察の方が来られて玄関扉を再び引っ張ると、簡単に開き、中には誰も居ませんでした。そのまま部屋に戻って仕事をしていましたが、お風呂場の方で音がするので見に行くと、シャワーが勝手に出ていました。

　そんな事が色々とありましたが、霊のせいだとまでは思いませんでした。単なる偶然が重なったように思っていたんです。しかし、決定的な事が起こりました。

　ある日の深夜、隣の部屋から「ジャラジャラ」という音が聞こえて来たんです。正直、こんな深夜に迷惑だなと思いながらも、暫くしたら静かになるかも知れないと、我慢して寝ようとしました。

　しかしその音は、数分置きに聞こえてくるんです。一体何の音だろうと意識して聞くと、それは麻雀の牌を混ぜる音だと気がつきました。私は注意しに行こうかとも思いましたが、揉めるのも嫌なので、イヤフォンをつけて寝る事にしました。ノイズキャンセリング機能をオンにすると、音は全くしなくなりました。これで安心して寝られると思った瞬間、突然聞いたことのない音楽が流れて来たんです。思わずイヤフォンを外しましたが、音楽はまだ流れていました。誰の機械に繋がってしまったんだろうと考えていた次の瞬間「ピンポン、ピンポン」と部屋のインターフォンが鳴り出したんです。こんな夜更けに誰かと思い、室内のモニターを見ると、そこには見ず知らずの男性が立っていたんです。

インターフォンの通話ボタンを押して、恐る恐る「はい」と言うと、男性は何も言わずに立ち去りました。酔っぱらいに違いない。私はそう思いました。そして男性が居なくなってからは、隣のジャラジャラという音も、イヤフォンからの音楽も消えていました。

翌朝になって買い物に出かけようと外に出ると、同じ階の顔見知りの住人の方にこんなことを言われたんです。

「昨夜、遅い時間に帰って来たんですけど、葉山さんの部屋の前に誰か立ってましたよね」と。

この方は、私の部屋から三つ離れた部屋の方で、昨夜、深夜二時頃に帰って来られた時に、私の部屋の前に何もせず、ただジッと立っている男性を見たそうなんです。一旦部屋に入った後、何となく気になり、玄関を開けて再び私の部屋の方を見ると、まだ男性が立っていたそうです。そして、インターフォンに手を伸ばして、ボタンを押した後、暫くすると、私の部屋の隣の部屋へと消えていったと言うのです。

私はこの方が「消えていった」と表現されたのが気になって「消えたとは、部屋の鍵を開けて、部屋に帰られたと言うことですか」とお聞きしました。

すると「鍵も何も、あの部屋には誰も住んでいませんよ」そう言われたんです。

私はゾッとしましたが、この方は続けてこう仰いました。

「このマンションは色々あって、頻繁に出るんですよ」と、手をダランと前に出してお化けの様にさせながら教えてくださいました。

実は私は、この方の話も半信半疑でした。先程決定的な事が起こったと申しましたが、それはこの日の深夜に起こったことなんです。

この日私は、仕事のクライアントの方と直接お会いして打ち合わせをしました。その後、友達とご飯を食べに行き、遅い時間まで居酒屋に居ました。その時に、この友人に今回の不思議な話をしますと、このまま私の部屋に泊まりに来ると言うのです。正直、心細い気もしていたので助かりました。

私達がマンションの前に着いたのは、深夜二時を少し回った時間でした。エレベーターに乗り、四階のボタンを押すと、ゆっくりと上がり始めました。

「このまま他の階に止まったりしてね」などと友人が冗談を言っていると「ガタン」という音と共に、エレベーターは停止してしまいました。

呆気にとられる友人と目を見合わせた私は、直ぐに非常用ボタンを押しました。呼び出し音の様な音はするのですが、なかなか出てくれません。もう一度押そうとしたその時、男性の声がインターフォンから聞こえて来ました。

「〇〇警備会社です。どうされましたか」

「エレベーターの中に閉じ込められました」そういうと「少しお待ちください」と言って、暫く静かになりました。友人は「これは心霊現象かもね」と笑っていました。

「お待たせしました。直ぐに動かしますので少しお待ちください」再び静かな時間が流れます。

このアナウンスから数分が経ちましたが、一向に動く気配がありません。友人も私も、何となく不安になって来ました。

さらに五分以上が過ぎても、何の動きもありません。私はもう一度非常用ボタンを押してこう言いました。

「すみません。どうなってるんですか。大丈夫なんですか」そういうと、インターフォンからこんな返事が来ました。

「リモートで再起動を試しているので、もう少しお待ちください。こちらに三人のお姿もモニターで確認できていますので、電気系統の問題はないので安心してください」と言って来たんです。それを聞いた友人は直ぐに大きな声で言いました。

「すみません。私達は二人ですよ、どこのモニターを見てるんですか」

「〇〇マンションのエレベーターですよ。間違い無いです。一緒に居られる男性は今、端に体育座りをしながら上を向いておられますよね」

私達二人は目を合わせて驚きました。

「見えない男性が私達を見ている？」そう思った瞬間、室内灯が一瞬消えて再び点くと、エレベーターは動き出し、四階に停止しました。私達は急いで外に飛び出しました。

そして、エレベーターから少し離れると、友人が泣きそうな声で言いました。

「私、見ちゃった」そう言ったんです。私も震えながら答えました。

「私にも見えた」

エレベーターの室内灯が一瞬消えた時、端っこだけがボヤッと光っていて、見ると体育座りをしながらこちらを見ている男性と目が合ったんです。

取り敢えず部屋に入ろうと廊下を進むと、私の部屋の前に男性が立っていたんです。どうしようと思っていると、その男性はゆっくり歩き始めました。そして、私の隣の部屋に扉も開けずに入っていくのが分かりました。

このまま帰るのも怖いし、かといってまたエレベーターに乗るのも怖い。友人と二人でどうしようかと考えていると、そこに三つ隣の住人の方が、扉を開けてこちらに来てくれました。

「大丈夫？　見ちゃったの？」そう聞かれました。

「知らない男性が……」震える声でそういうと、自分の部屋に招き入れてくれました。

そこで驚くべき話を聞かされました。

私の借りている部屋は、数ヶ月前に殺人事件の現場となった部屋だそうです。その殺人事件の起こったきっかけは、隣同士の騒音だったのです。

最初に、私の部屋の隣の方がマージャンを夜遅くまでされるので、それを注意されました。すると逆ギレした男性が、嫌がらせの様に毎日、深夜にインターフォンを押すようになったそうです。

そして、それに対抗するように、私の部屋の方が、音楽を大きな音で鳴らすようになられたそうです。

その応酬が数日続いた後、私の部屋に住んでいた方が、もうこのような事はやめましょうと和解を持ち掛けられました。

そして部屋に招き入れ、話し合いをされたようです。しかし、ここでも喧嘩になって、私の部屋に住んでいた住人が相手を刃物で刺して殺し、直ぐに自らも命を絶ったという事でした。

私はこの日、友人の家に泊めてもらって、直ぐにマンションの解約をしました。

深夜の麻雀牌を混ぜる音。イヤフォンから流れる謎の音楽。深夜のインターフォン。もしかすると二人は未だに喧嘩をされているのかも知れません。しかし、実はもう喧嘩はしたくないと思う心が、エレベーターのあの寂しげな男性の姿だったのではないかと考えています。

それに、体験者が私だけなら、恐らく誰に言っても信用して貰えなかったと思います。私自身、悪い夢でも見ていたのだと、忘れようと努力していたに違いありません。しかし、友人も同じ体験を同時にしたということが、間違いのない事実である事を示しています。

この経験から、人間は死んでしまったら無になるのではなく、魂は残るのだということを確信しました。

葉山さんはそう話し終えられると、マンションで今も喧嘩しているであろう方々の供養をお願いされました。私はそれを聞き、こう答えました。

「見ず知らずの方の為に、供養をされるのは素晴らしい事です。見ず知らずの方の為に、祈りを捧げるのは美しい事です。一緒にお経をあげましょう」と。

すると、葉山さんは恥ずかしそうに「今では趣味になりましたが、本当は元々は引っ越しは趣味ではなかったんです」と教えてくださいました。

実は、葉山さんは、ご両親から引き継いだ家をお持ちだったそうです。しかし、ご近所トラブルによって、引っ越しを余儀なくされたらしいのです。その時は非常に辛くて、悔しくて、孤独すらも感じていたそうです。

その後は、定住するという気持ちで暮らすのではなく、いつでも引っ越すつもりで暮らしていると、気が楽になったと仰います。そして今では引っ越しそのものが楽しくなられた様です。

そのような経験をされたからこそ、今回の出来事で、両方の気持ちが良くわかるのだと仰いました。生きていた時も辛かったでしょうが、亡くなられた後まで揉めるなんて可哀想だと思い、供養をお願いに来られたのです。

人間にとって、共感するということは、とても大切な事だと思います。互いの気持ちを分かり合えるのは、一つの救いにもなる様に思います。しかし、その共感の仕方には、幸福を招く場合と、不幸を招いてしまう場合があるのでしょう。

例えば、苦しい気持ちが分かる者同士が集まってみんなで絶望してしまうと、決して良い結果は生まれません。互いに共感し、そこから抜け出す努力を模索しなければなりません。そんな事は無理だと思う事があっても、人間には未来があり、それを変える力をみんなが持っているのです。

それが、喜びであっても悲しみであっても。そして、共感相手が亡くなった人であっても……。

押すな

人間は進化の過程で、二本の足で立ち、両手を使える様になり、知恵を身につけてという風に進化をしてきたと聞いたことがあります。この進化論がもしも正しいものであるならば、人間には更なる進化をして欲しいと思うのです。

例えば、人間は背後に対して無防備です。ですから首が一八〇度回るようになるとか、後頭部に目が出来るなど、背後への配慮が欲しい訳です。

何故私がこのように強く背後の防備についての進化を求めるのかと申しますと、田中さんという男性の方から、こんなお話をお聞きしたからです。

私がおかしいと感じ始めたのは、普段の生活の中での事です。私は一人暮らしをしており、洗濯機もない狭い部屋で暮らしています。ですので洗濯は近くのコインランドリーに行きます。

いつものように仕事を終え、夕食を摂った後、コインランドリーに洗濯をしに行きました。乾燥機にもかけて、帰宅した時のことです。この日は夏日で、夜でも汗が出る程の気温でしたので、洗い立てのTシャツに着替える事にしました。

汗でベタついたシャツを脱ぎ、新しいシャツを着ようと、頭にシャツを被ったその時でした。私の左肩辺りを誰かにトンッと指で押されたように感じたのです。何かに当たったのかなと着るのをやめて背後を確認しました。しかし何もありませんでした。気のせいかと思って、再びシャツに頭を入れると、再びトンッと何かに突かれた様な感じがしました。直ぐに振り返ってみましたが、特にそれらしいものは確認出来ませんでした。

その日はそれだけで何も起こりませんでした。しかし数日後、私がお風呂に入っていると、ドンッと何かに押されたのです。今度は指先で押されたというものとは明らかに違い、両手の掌で私の背中を押された感覚でした。それから数日後に、再び何かにドンッと押される感覚がありました。

何日かに一度、このような感覚に襲われる事があったのですが、その現象は、どんどんその間隔を縮めていったのです。五日に一度だったものが、三日に一度の間隔で起こる様になりました。それだけであればまだマシなのですが、その感覚は、やがて強さを増してきたのです。

ある日、仕事に行こうと車の運転席に座ろうとしたその時、ドンッという衝撃が背中にあり、思わず体勢を崩して運転席に頭から突っ込み、ハンドルに頭をぶつけてしまいました。

　これ以来、私は駅や歩道橋の階段などを昇り降りする時は、手すりをしっかり掴むようになりました。一度、駅の階段の所で押される衝撃があり、危うく転がり落ちる所でした。またある日には、歩道を歩いていると、何かに押されて車道に転がり出そうになりました。毎回、直ぐに振り返りますが、やはり誰もいません。この様な事があまりに続くので、駅のホームに立つ時は、線路側に背を向けて立つようになりました。

　こんな話を聞くと、何かの怪奇現象ではないかという人もいると思いますが、私はその類のことは一切信じません。ですがこのような現象が実際に起こるのは、もしかしたら珍しい病気のせいなのかもしれないと思いましたので、病院に行く事にしました。

　掛かりつけの病院に紹介状を書いてもらい、大学病院へ検査に行きました。脳に異常はないか。背中の神経や筋肉の動き、骨の形に至るまで検査して頂きました。しかし何処にも異常は見られませんでした。次に精神科でも診て頂きましたが、ストレスが原因ではないかと言われ、結局納得のいく答えは得られませんでした。

　ここまで来ると、怪奇現象、霊の仕業を疑わざるを得ない状況になってきました。その様な事は全く信じてはいませんが、やれる事は全てやろうと思い、三木住職に一度お経をあげて欲しいと思って来たわけです。

田中さんから、ここまでのお話をお聞きして、私は一つ質問をさせて頂きました。

「田中さん、知らず知らず心霊スポットと言われる場所へ行ったり、山に登ったりした事はありませんか」

何故この様な質問をしたかと申しますと、怪奇現象、特に今回の様なハッキリした現象が現れる場合、大抵は何かきっかけとなる出来事があるからです。しかし、田中さんは心当たりはないと仰います。

「原因が分からなくてもいいから、取り敢えずお経をあげてもらったら大丈夫ですので早くしてください」

田中さんは、御祈禱を受けに来られましたが、半信半疑のお気持ちで来られています。ですのでこの時は、一つの課題をこなす気持ちだった様です。

私は一生懸命、田中さんの症状が落ち着かれますようにと御祈禱させて頂きました。御祈禱が終わった後、特に変わった気がしないと仰って帰って行かれました。

その日の夜、田中さんからお電話を頂きました。お昼間にお会いした時とは全くご様子が違い、何かパニックになっておられる感じでした。

「三木住職、今回の不可解な現象の原因が分かりました」そう仰るのです。

私がその原因は何かをお聞きしましたところ、一人で部屋にいるのが怖いので、今からお寺に行きますと言って電話が切れました。

暫くすると、田中さんがかなり怯えたご様子でお寺に来られました。そして本堂に上がるや否や「あの人が恨んで出て来てるんです」と仰いました。

お茶をお出しし、少し落ち着かれたところでお話を伺いました。

「思い出したんです。あの日がきっかけで今回のような現象が現れ始めたんです」

ある日、田中さんがいつも通る道を歩いていると、空を見上げる人集りがあったそうです。田中さんが人々の見上げる方を見ると、ビルの屋上に一人の男性が立っておられたそうです。そしてその男性に向かって、警察や消防の方々が口々に「やめなさい」「早まるな」と叫んでおられたらしいのです。

田中さんも沢山の人達に混じり、足を止めてその男性がどうなるのかを見ておられました。膠着状態が長く続く中、田中さんは苛立ちを覚えたのだそうです。

はじめは「早まるな」「考え直せ」と思っていた田中さんですが、時間が経つ内に「本当に死ぬ気があるのだろうか」「ただ注目を集めたいだけではないか」など、男性に否定的な感情が湧いてきたと仰います。

そして、殆ど無意識だったそうですが「早く飛び降りろ」という言葉が口から出てしまっていたそうです。声が出ていた事に気がついたのは、周りの人たちが一斉に自分の方を向いた時だったそうです。その瞬間、ビルの上にいた男性は「ウワー」と叫びながら飛び降りられたそうです。

「絶対あの男性なんです。あの男性が、私に恨みを抱いて」と話をされている最中、田中さんは叫びながら両耳を塞がれました。そして震えながら「今、僕の耳元で、早く飛び降りろ、早く飛び降りろ、と二回声がしました」そう仰いました。

私は、夜も遅かったので、田中さんの背中をさすりながら、小さな声でお経をあげさせて頂きました。お経を読み終えたその時、田中さんの耳に「二度と言うなよ」という男性の声が聞こえたそうです。その声が最後となり、背中を押されることもなくなったとの事でした。

今回のお話で、田中さんも大変反省し、後悔なさっていました。そして、目に見えない世界がある事、人間は死んでからも魂は残るという事など、身をもって勉強させて頂きましたと仰っておられました。

人間は生きていると、必ず何か失敗をする事があります。それは致し方ない事で

すが、大切なのは、これを繰り返さない事です。この先の人生で、田中さんには今回の反省を活かして頂きたいと思います。

そして、田中さん以上に心配なのは、自ら死を選んだ男性です。自ら命を落とされた原因は、辛く苦しい事情があったからなのでしょう。しかしながら、田中さんを恨み、怒りに魂が襲われてしまったのです。

田中さんは命がある限り、反省し善行も積めます。しかし、命を落とされたこの男性の来世はどうなるのでしょうか。それが心配でなりません。

最初に背後の防備の進化について自論を展開させて頂きましたが、先ず必要なことは、肉体的進化ではなく、善き心の進化なのかもしれませんね。

究極の心霊スポット

お寺には必ず、山号と呼ばれるものがあります。例えば、現在私が住職をさせて頂いているお寺の正式名は、光照山　蓮久寺です。この様に、〇〇山という山号がお寺の名前の前に付きます。これは山岳で修行した僧侶が多かった時代の名残だと言われています。

ですので、比叡山、身延山、高野山など、古くからあるお寺は、山の上に総本山があるわけです。お坊さんの修行には、雑念の少ない静かで人里離れた孤独な環境が適しているのです。

山深い場所にあるお寺にご参拝に行かれる方は、今も多くおられます。そんな参拝者様の中には、参籠と言いまして、お寺やその近隣に一定期間泊まって、ご祈願などされる方もおられます。これは、そんな参籠に行かれた、ある男性が体験されたお話です。

私は、心霊スポットを巡るのが好きで、これまで色々な場所へ行きました。目的は、究極の心霊スポットを探し出すことです。私の言う究極の心霊スポットとは、誰が行っても不思議な体験の出来る場所です。それを求めて、沢山の方に聞き込みもしました。心霊マニア、怪談師、自称霊能者、怪談好きの集会で知り合った方など、心霊通の皆さんに聞きまくりました。しかし、既に行った場所であったり、行ったけれど何もなかったと誰かがインターネットにあげていた場所であったりして、究極の心霊スポットを中々見つける事が出来ませんでした。

そんなある日のことです。私は叔父の経営する車の整備工場で仕事をしているのですが、そこに来られたお客さんから、こんな話を教えて貰いました。

そのお客さんは、ある会社を経営されている社長さんで、普段怪談話などされる様な雰囲気の方ではありませんでした。ですがある時、叔父がこのお客さんに、私が休みを取っては心霊スポットに行っている事を話したそうです。するとお客さんは、私を見つけて、「究極の心霊スポットを教えてあげようか」と言って来られたのです。

その究極の心霊スポットとは、ある山の中にあるお寺でした。私はすごく納得しました。心霊スポットといってまずよくあるのは、事故や事件、あるいは戦争などで人が亡くなった場所です。次に多いのは、山と水辺です。いわゆる、死者が集まる場所です。

そういう意味では、教えて貰った場所もまた、お寺で、かなり大きなお墓もあり死者も集まります。そして、山の中であり、境内には大きな池もあります。つまり、心霊スポットの要素を網羅しているわけです。

私は早速、叔父にその事を話しました。どうしても行きたくて、三日ほど休みが欲しいと頼みました。いつも私が言うと嫌な顔をするのですが、この時は常連のお客さんからの話だったからか、すぐに休みの許可をくれました。

出発当日、私は愛車で出かけました。目的地までは車で四時間ほど掛かりました。駐車場に車を停めると、そこからは徒歩十五分程で、今晩泊まるお宿があります。私は先にチェックインを済ませるため、宿へと向かいました。

宿は、出発前から想像していた通り、かなりの歴史を感じる建物でした。玄関を開けて中に入ると、腰の曲がった老婆のお迎えがありました。怪談、心霊スポット好きにはたまらないシチュエーションです。案内された部屋は、湿った臭いがして、畳は擦り切れ、夏だというのにこたつが置かれています。もしかすると、冬から誰も泊まりに来ていないのではないかとすら思えました。

チェックインを済ませると、本来の目的地であるお寺に行くことにしました。老婆の話では、ここから十分程歩いた所に本堂があるとのことでしたが、実際は二十分以上歩きました。

本堂に着くと、受付と書かれた看板が見えました。案内に沿って受付に行くと、お守りやお札などが売られていました。そしてお経をあげて欲しい人はここで申し込む様で、申し込み用紙が置かれています。しかし、拝観時間が過ぎたのか、受付には人が居ません。

次に、本堂を右に進むと、龍神池と書かれた木の案内板がありました。かなり近くで見ない限り、読めないくらいに文字は薄くなっています。

その案内板の通り、私は龍神池の方に向かってみました。細い林道を進んで行くと、突然大きな池がありました。池は、長年手入れがされていない感じのする雑木林に囲まれていました。まだ夕方の五時過ぎでしたが、かなり不気味な雰囲気で私は嬉しくなりました。そして、夜にまた来ることにしました。

先程からお寺の境内を色々と見て回っているのですが、誰一人として参拝者と会っていない事に少し違和感を覚えました。恐らく拝観時間も過ぎているし、平日である事などを考えると普通の事なのかもしれません。ですが、お寺の関係者すら見かけないのです。

何となく寂しげな境内で、私は一人、置いてあった長椅子に座り、しばらく時の経つのを待ちました。この日は風もなく、木々の揺らぐ音すらしません。広い境内はまるで時間が止まってしまっているような感覚にさえなりました。いつのまにか私は椅子に座ったまますっかり寝入ってしまいました。

目を覚まして周りを見ると、本堂が満月に照らされて、不気味に浮かび上がって見えました。スマホの時計を見ると、驚くべき事に、時間は夜の十時でした。境内の椅子に座って、五時間近く寝ていた事になります。そんな馬鹿なと現実を受け入れられずにいましたが、事実そうなっている以上、これが現実なのは間違いありません。

一瞬、龍神池に向かおうとも思いましたが、先程の林道の方を見ると、真っ暗なトンネルの様になっており、流石の私もそこに向かう勇気は出ませんでした。取り敢えず宿に戻ろう。そう思って山を下り始めました。幸い満月だったので比較的道は明るく、スマホのライトだけで十分に道を下って進むことが出来ます。

少し早歩きで山を下っていると、自分が地面を蹴る音だけが「ザッザッザッ」と辺りに響きます。そしてその音が周りの木々に当たって、山彦のように返ってきます。只々、その音だけを聞いていると、自分一人が歩いているのではなく、複数の人が一緒に歩いている様な錯覚に陥ります。そこで一度立ち止まり、地面を蹴るのを止めると、あたり前ですが音は聞こえなくなりました。

やはり自分一人しかいない。そう確認して、再び歩き始めます。すると再び沢山の足音がこだまして聞こえてきます。音の正体は分かっているのに、たった一人で山道を歩いていると、不気味に聞こえてなりません。そしてこの状態が長く続くと、実際に背後や周りに人の気配がするように思えたのです。

早く宿に帰りたい。私は今までかなりの数の心霊スポットに行きましたが、これ程帰りたいと感じた事はありませんでした。只々、坂道を止まる事なく歩き続けました。

暫く歩くと、道が二手に分かれている場所に差し掛かりました。登りは上をひたすら目指していたので全く気がつきませんでしたが、どうやら分かれ道があった様です。

私は長く立ち止まっているのが嫌で、取り敢えず片方の道を選んで歩き始めました。山の高い方から下っているのだから、仮に宿へ行く道でなかったとしても、下には人里があるだろうと、再びひたすらに歩きました。

まだ宿の光も見えない。やはり先程の分かれ道で違う道を選んでしまったのか。私は立ち止まり背後を振り返りました。先程まで明るく照らしてくれていた月の明かりも翳り、背後には真っ暗な闇しかありませんでした。何があろうとこのまま進もう。仮に間違っていたとしても道があるのだからゴールがあるはずだ。そう思い、ひたすらに見えないゴールへと向かう事にしました。

程なくして、下り坂だった道は平坦な道へと変わり、私は一人、見えないゴールに到着しました。そして、スマホのライトを向けると、長方形の石が、規則正しく列を作って並んでいるのが見えました。

「ハハハハ」思わず私は声を出して笑ってしまいました。うっかり境内の椅子で寝てしまった事、二つに一つの選択を間違えた事、何か自分が悪い方へ悪い方へと進んでいくのが滑稽に思えて、可笑しくなってきたのです。

人間は絶望を感じた時、思わず笑い出してしまうことがあります。これはもしかすると、苦しみを和らげる為に、人間の本能に刷り込まれたものかもしれません。

笑っている自分の声も周りの木々にこだまして、複数の笑い声として返って来ました。その声が耳に届いた瞬間、私は再び言い知れぬ恐怖を感じました。

「ここから離れなければ」そう思いました。すぐに今きた道を引き返す事にしました。真っ暗闇に飛び込む以外に、この恐怖から逃れる術はなかったのです。

暗闇の道を引き返そうと歩き始めて、ふと気が付いたのですが、スマホの電池の残りを示すマークが赤く表示され始めたのです。この状況で唯一の明かりを失うことは、まるで命を失う事だとさえ思いました。

私は走り出しました。明かりがなくなる前に、せめて二手に分かれた道までは行きたいと思ったのです。

「タッタッタッタッタ」走るその音は、再び大勢の人の気配を感じさせるものとなって聞こえて来ます。後どのくらいで二股の道に辿り着けるのか。恐らくもうそれほど距離はないはずだ。しかし、一向に二股の道まで辿り着けません。おかしい、明らかにおかしい。もうとっくに着いているはずなのに。

走り続けていましたが、やがて体力の限界が来て歩く事にしました。

「ザッザッザッ」また自分の歩く足音が、こだまして耳に聞こえて来ます。せめて足音だけでも消えて欲しい。そう思ったその時でした。

「ザッザッザッザッザッ」自分の歩く音に重なって、明らかにおかしな音がするのです。

「ザザザザザ」早歩きの足音と「タッタッタッタッタ」と走っている音が混じって聞こえるのです。思わず振り返りましたが、勿論、そこには誰一人として居ません。しかし明らかに歩く自分の足音ではなく、走っている人の足音が混じって聞こえて来ました。

「このままでは危ない」私は身の危険を感じました。そして走り出そうと思った瞬間、スマホのライトが消えてしまいました。真っ暗になった視界に、思わず私は座り込んでしまいました。

動きを止めた私の耳には、まだ人の足音が聞こえています。しかも明らかに走っている音です。そしてその音はやがて私の直ぐそばまでやって来ました。私は恐怖のあまり、しゃがみ込んだまま両耳を塞いで目を閉じました。

「ザザザザ」何者かの足音は、明らかに私の周りで立ち止まりました。静かになった。そう思ったその時、何やら人の声が聞こえて来ました。

「自我得仏来　所経諸劫数　無量百千万　億載阿僧祇……」誰かがお経を唱える声がしたのです。そして次の瞬間、一斉にたくさんの人が同じようにお経を唱える声がして来ました。

私はこの場を離れたい、そう思ったので、大声で叫びながら、思い切って暗闇に向かって走りはじめました。この時は自分がどの道をどの方向に向かって走っているのか、わからないまま走ったのです。

そんな私を、お経の声が追いかけてくる事はありませんでした。よかった、半分泣きそうになりながら、走りました。もう精神的にも肉体的にも限界が来ていた私は、道の途中で足がもつれて倒れてしまいました。

転んだ私の目に、何やら光の玉が見えて来ました。そしてその光は私の方へと向かって来ていました。

すると、「おーい、おーい」今度は、年老いた女性の声が聞こえて来たのです。

「やっぱりここに居られたか。大丈夫か」私が見上げると、そこには宿のお婆さんが懐中電灯を持って立っていました。

私は宿のお婆さんに連れられて宿に帰ることが出来ました。

あとでお婆さんに話をお聞きすると、この山では、私が体験したような事が時々起こるのだそうです。そして、そんな目に遭うのは、決まって真面目に参拝に来た人ではなく、おもしろ半分で来た人だというのです。

私は後悔していました。参拝目的ではなく、遊び半分で来たわけですから。しかもこの場所は心霊スポットなどではなく、神聖な神様や仏様の居られる場所なのです。今度来る時は、真面目に参拝者として来るようにしよう、と心に誓いました。

そして会社に帰り、叔父にこの話をしました。すると叔父は、仕事をサボっては心霊スポットに行く私にお灸を据えたいと思っていたのだ、と言います。そこで常連のお客さんに話したところ、一度怖い目に遭わそうと、あの山寺を紹介してくれたそうです。

そして、あの山寺を紹介してくれたお客さんにもこの話をすると、笑ってこう仰いました。

「そうか、そうか、お前もそれを経験したか」と。どうやらこのお客さんも、若い頃、あの山寺で同じ目に遭われていたそうです。

男性はそんな話を聞かせて下さいました。究極の心霊スポットとは、人生の厳しさを教えてくださる場所でもあるのかもしれません。

第三章

穢

「私は無宗教です」という方が日本には結構おられます。しかし、無宗教と、何も信じていない、という事は同じではないと思います。

無宗教とは、どこの宗教教団にも所属していないという事です。それだけのことであって、目に見えない物を信じないという事とは別のように思います。

日本人は意識している、していないにかかわらず、目に見えない物にこだわりを持っております。

例えば、私が毎日、何年も使ってきたお箸があります。このお箸を綺麗に殺菌します。それをお客様に出したとします。すると、出されたお客様は、何故か躊躇されるのではないでしょうか。更に言えば、家庭の中でも、お父さんのお箸、お母さんのお箸と使用主が決まっているご家庭もあるのではないでしょうか。

誰が何年使用していようが、科学的に完全殺菌されていれば、問題はないはずです。しかし長年の使用主の気の様な物が宿り、他の人が使用すると違和感を覚えてしまいます。これは、他の国には無い感覚だそうです。

では何故、日本人にはこのような感覚が備わっているのかと申しますと、神道の穢れという思想を持っているためです。科学的に殺菌されていても、殺菌しきれない念や気のような物は残り、それを穢れと感じてしまうのだと思います。

この様に考えますと、無宗教ではあるけれど、非科学的な物を全て信じないという人はあまり居られないのではないでしょうか。故に、日本人は目に見えない物の影響も受けているのだと思います。

民宿

京都観光といえば、清水寺は外すことの出来ない観光寺です。歴史的にはもちろん、建物の素晴らしさ、庭園など、見どころが沢山あります。最近では、夜のライトアップもされておられて、夜間の拝観を楽しむことも出来ます。

そんな清水寺へは、東大路通りから、五条坂を上がって行きます。暫く上がると、道は二手に分かれます。五条坂のもう一方は、茶わん坂と呼ばれる坂です。

この茶わん坂には、沢山の京焼、清水焼の陶器が売られるお店が並んでおります。もう何年も前になりますが、そんな清水焼のお店の中で知り合った陶芸家さんに、陶芸体験をさせて頂いた事がありました。その時に「陶芸家にとって大切なものは沢山ありますが、特に土は、命と言っても過言ではありません」と教えて下さいました。

色々な土を混ぜて捏ね、丹念にその土に命を吹き込む。そうして出来上がった逸品は、もう陶器という生き物なのだと思います。そんな生きた陶器を作るために、陶芸家の方は、各地に良い土を求めて旅をされるそうです。

今回は、そんな陶芸家の方からお聞きしたお話です。

陶芸に使う土には、色々な種類があるんです。鉄分を多く含んだ物、粒子の粗い物、粘り気の有る物やそれ程ないものなど、色々な違いがあります。これが土の性格とでも言いましょうかね。この性格を分かっていないと、失敗してしまうんです。例えば、この土ならば優しい性格だから、形作るのは楽でも、強く焼いてしまうと割れやすい。この土は焼いた時の収縮率が大きいので、色を塗った時に「貫入（かんにゅう）」といって、ヒビが入り易いなど、陶芸家は、土と会話が出来ないと良い物を生み出せないんです。

そんな性格の違う土を混ぜて、新たな土を生み出し、焼かれた物は、世界に一つだけの逸品となる訳です。そんな最高の逸品を生み出すべく、私も若い頃は日本全国を駆け回った時期がありました。

もう何年も前の古い話なんですがね、ある地方にとても肌理（きめ）の細かな土があると耳にしたんです。ある陶芸家の方が偶然に行った山で見つけたらしいのですが、山の持ち主の許可なく持って帰れないので、許可をお願いされたそうです。しかし許可は下りなかったらしいのです。

その後、数年して山の持ち主が替わり、ある不動産屋さんの管理となりました。

私はそれを知ると、すぐにその不動産屋さんに連絡しました。すると勝手に入って、必要なだけ土を持って帰っても良い、という許可を貰えました。

電話を切り、一刻も早くその土を触ってみたいと思った私は、その日のうちに電車で〇〇に向かいました。

午後二時頃に近くの駅に到着し、そこから山までは、車で一時間半程行かなくてはなりません。タクシーに乗り込み、目的の山の場所を伝えました。タクシー運転手さんは、何しにそんな所に行くのかと不思議がりました。それもそのはずで、観光する所もなく、それどころか民家さえも殆どない場所だったからです。

タクシーを降りた私は、夢中で目的の山に入り、スコップで色々な所を掘り回りました。そして遂に見つけたのです。見ただけでもその上質さは分かりましたが、指に触れるととても肌理が細かく、見たことがないくらいに素晴らしい土でした。

私は早速、持ってきた袋に土を入れ、自分が持てるギリギリの重さまで持って帰ることにしました。浅い部分、深い部分と、深さを変えて色々な部分の土を小袋に入れてから、リュックに詰め込みました。しかし、いっぱいにするとさすがに重くて背負えません。仕方なく三分の二程度に抑えましたが、それでもやっと歩けるくらいの重さでした。

リュックを持ち上げ山から出ると、来る時に乗ったタクシー運転手さんから聞いた、この近くに一軒だけある民宿に向かいました。運転手さんの話では、この辺りは過疎化が進んでいる為、ホテルや旅館と呼ばれる所がなく、民宿しかないとの事でした。ここらでは農家や林業などをしながら宿泊所も営む家が多いのだそうです。目的の民宿についたのは、午後七時を少し過ぎた頃でした。「今日の三時ごろに電話した者ですが」そう私が言うと「えーと、先ずはこちらに名前を書いて下さい。書いたら次は、えーと」という具合で、滅多に宿泊者が来ないのだろうと思わせるような接待ぶりでした。

宿泊する部屋は二階で、一階には浴場とトイレがあり、ここの家族の家にもなっているようでした。

部屋に案内されて荷物を下ろすと、直ぐに風呂に入るように言われました。恐らく最後に家族の方が入るのだと思います。ですので直ぐにお風呂に入り、急いで出ました。部屋に戻ると既に食事が用意されていました。豪華な食事ではありませんでしたが、この辺で採れたであろう野菜やお米は、新鮮でとても美味しかったです。

食事を済ませると、まだ午後九時頃でしたが、普段運動をしない私が山を登ったり重たいリュックを背負って歩いたりしたので、直ぐに眠気がやって来ました。押し入れから布団を出して八畳ほどの部屋の真ん中辺りに敷くと、私は直ぐに眠りに落ちました。

どのくらい寝たのか分かりませんが、深夜に目が覚めました。普段の私は、作品作りなどを夜遅くまでしていて、寝るのは深夜二時頃です。そんな夜型人間の私が寝るのが早過ぎたせいか、変な時間に目が覚めてしまいました。

しかし、目が覚めたのはそのせいだけではなかったのです。どうやら私以外にも宿泊客が居たようで、どこかの部屋から人の話し声が聞こえてきました。そこまで大きな声ではなかったのですが、ボソボソと聞こえてくる声が私には耳障りだったんです。

耳障りなその声は、どうやら隣の部屋からのようでした。「うるさい、何時だと思っているんだ」と怒るほどの声音でもなかったので、仕方なくそのまま寝ることにしました。

しかし一度気になると、小さい声でも耳に障るものです。しかも眠気も覚めてしまっていましたので、布団に入っているというだけの状態です。

「一体どんな話をしているんだろう」私は聞き耳を立てました。すると所々、ある単語が聞こえて来たんです。「怖い」「その人は消えていた」「霊現象」など、怪談話に出てくる単語が聞こえて来たんです。実は私は怪談が大好きで、YouTube で三木大雲チャンネルを聴きながら陶芸作品を作っているくらいです。

人間は我儘なもので、先ほどまでうるさく思っていた隣の部屋の声が、ただで怪談話を聞けると思うと、もっと大きな声で話して欲しいとさえ思いました。

そこで私は、隣の部屋の声が聞こえるように、隣部屋との壁まで布団を動かして、寝ながら話を聞く事にしました。すると、丁度タイミング良く、次の話が始まる所だったんです。

「この話は、ある男性の話なんだけど……この男性は陶芸家の人で……」壁越しにハッキリと声が聞こえてきます。

何と、私と同じ陶芸家の人の話なんだと驚きながらも、その先が楽しみな気持ちで、更に神経を耳に集中しながら続きを聞いていました。

この話の内容は、持ち出してはいけないお墓の骨を持って帰って、酷い目に遭った陶芸家の男の話でした。

怖いなあと思っていると、話はこれで終わりではありませんでした。

「何も調べず、無知なこの陶芸家の男は、ある旅館に泊まっていて、隣の部屋から聞こえてくる話し声が気になり、その声が聞きたくて壁に布団を近づけて……」と、まるで今、自分の様子を見られているかのような内容になってきました。

思わず怖くなって、自分の部屋の中を見渡したその時、人の気配を感じたんです。

気配のする方に目を凝らすと、老人が三人、こちらを見ながら座っていました。

起き上がって布団から出ようとしたのですが、金縛り状態になって動けません。

どうしよう、叫び声を上げようにも、声も出せない状態でした。すると、老人の一人が私の方を睨み、人差し指でこちらを指差しながらこう言ってきたんです。

「いんどかれ」その声は部屋中に響き渡るほどの大声で、明らかに敵意に満ちた言い方でした。意味も何も分からないまま、私は心の中で「ごめんなさい、ごめんなさい」と連呼しました。何がどう怒りに触れたのか、この人たちは誰なのかさえ分からなかったのですが、彼らを怒らせてしまったという事だけは理解できました。

次に気がついた時には朝になっており、昨夜のことは夢だったのかと思いましたが、私の布団は隣の部屋との間の壁にピッタリとくっついていました。やはり夢ではなかったのか。半信半疑のまま、宿を後にする事にしました。

宿を出る際、宿の主人に「隣の部屋の人たちはもう帰られたんですか」と聞くと、主人は訝しげな表情を浮かべました。

「お客さん以外に宿泊客はいませんよ」そう言ったんです。

「そんなはずはない、隣の部屋から人の声がずっとしていて、話の内容まで覚えていますよ」

そう言って、私は昨夜聞いた話をしました。そして「この部分は夢かも知れないが」と前置きした後、部屋の中に老人が三人座っていた事、そして「いんどかれ」と謎の言葉を言われたことなどを話しました。

主人は暫く黙って宙を見上げると、私に質問をして来ました。

「あなたは、何をしにこんな田舎まで来たんですか」

そう聞かれたので、私は陶芸家で、土を取りに来た事などを話しました。すると続けて主人は私が土を採って来た場所を事細かに聞いて来たんです。

私が土を採った場所を詳しく教えると、主人はやはりと納得したかの様に頷き、こう言いました。「あなた、その土を元の場所に戻してから」そして、続けてこう言ったんです。「いんどかれ」

実は「いんどかれ」とは、この地方で使われる方言で「帰れ」という意味だそうです。そして、私が土を採った場所ですが、昔の村の集合墓地の跡地だったそうなんです。

もしかすると、その墓地に今でもご遺骨の一部が入っていて「置いて帰れ」との忠告だったのかもしれない、と思います。

この様なお話を陶芸家の方は、お話しくださいました。

元々お墓であった場所を、移設や改葬によって、移動させる事があります。この時、かなり前に埋葬されたご遺骨は、既に土に返っているものもあります。ですので、お墓を移す際には、ご遺骨が土になっていることを加味して、土ごと新しいお墓へ納める事になっております。今回の場合は、もしかすると、お墓を移動させる時に、土までは取らずに置いていかれたのかもしれません。ですので、何もない場所であっても、そこに何かを立てる場合は、しっかりと地鎮祭やお祭りをしなければなりません。

また、神仏の宿る場所、例えば、神社仏閣は勿論、屋久島や久高島など神聖な場所では、許可のない物は持ち帰らないようにお気を付けください。

散歩

私は以前、犬を飼っていたことがありました。甲斐犬といって、獰猛な犬でしたが、非常に従順で賢い犬でした。今回のお話は犬にまつわるお話です。

ある男性が初めて犬を飼われたそうです。名前を「マル」と名付けられました。そのマルとの散歩コースには大きな池があって、いつもその周りをぐるぐると散歩されていたそうです。

散歩コースには、マラソンをする方が多くおられるのですが、マルは、人が側を通っても、吠えかかる事はないそうです。また、別の犬が向こうから歩いて来て、突然吠えかかってきても、一切動じないそうなのです。

ところが、散歩コースのある場所へ行くと、突然大きく吠えだすのです。その場所には、石でできたベンチがあって、マルはそのベンチに向かって吠えているようでした。

毎日、その池の周りを散歩していましたが、必ずその場所へ行くと吠えだします。

「なぜここに来るといつも吠えるのかなぁ」

男性は気になっていたものの、いつもそのまま通り過ぎていたそうです。

ある日、男性はいつものようにベンチに向かって吠えるマルに対し、「もうこのまま吠えさせておけばいいか」と手綱を緩めたそうです。すると、マルはベンチの下あたりに向かってワンワンと吠えかかっていきました。

男性がベンチの下を覗いても、何もありません。「不思議だなぁ」と思いながらも、そんなことがしばらく続いたそうです。

そんな散歩が日課になっていた頃、ふと男性は「もしかするとあのベンチのところで何かがあったのではないか」そう思って、その場所をインターネットで調べることにしました。

すると、すぐにインターネットで、その場所に関連した記事が出てきたそうです。その記事を読むと、マルが吠えていたベンチの下で、以前、亡くなられた方のご遺体が遺棄されていたそうです。

マルは人間の匂いを嗅ぎわけて吠えていたのか、あるいは霊的な何かを感じて吠えていたのかはわかりませんが、マルが吠えていたそのベンチは、まさに事件があった場所でした。

男性は「偶然かもしれないけれど、こんなことがあるんだなぁ」と思いながらも、少し怖くなって散歩コースを変えることにしたそうです。

あくる日の朝、普段とは違うコースを散歩していたところ、また違う場所で、突然ワンワンと吠え始めたそうなのです。

「マルが吠えるということは、この場所で何かあったのではないか」

そう思った男性は帰宅すると、さっきマルが吠えた場所で何か起こっていないか、またインターネットで調べましたが、何も出てこなかったそうです。

「もしかするとあの時は、人間が亡くなった後の匂いをたまたま嗅ぎわけただけかもしれない」男性はそう思われたそうです。

ところがその日の夕刊を見ると、マルが朝吠えた場所で交通事故があり、一人の男性が亡くなったと書かれていたのです。

「もしかすると、マルには特殊な能力があるのではないか。マルが吠えると、その場所で何かが起こるのかもしれない」しかし男性は、「それを人に説明したところで、多分信じてもらえないだろう」と、気にすることなく、マルと過ごされていたそうです。

そんなある日、マルが男性に「クゥンクゥン」と、吠えるのではなく、泣き声のような声を出し、悲しげな顔を向けてきたそうです。

「最近、この声を出すなぁ。もしかすると、自分の体に悪いところがあるのかもしれない」そう思った男性は、なんとなく不安になって、病院に行かれたそうです。

すると、残念ながら大きな病気が発見されてしまいました。

「あぁ、そうか。マルはこのことを知らせてくれたんだな」

その後、男性はマルを一時的にペットホテルに預けて入院されました。

ひと月ほどで治療が終わり、退院してマルと再会すると、とても喜んでいたそうです。犬とはいえ、こんなに喜んでくれる家族がいてくれることが、その男性にはとても支えになりました。

「治療を進めながら、マルと家で過ごそう」

しかし、男性は大きな不安を抱えながら日々を過ごされていたそうです。

「もしも自分が先に死んでしまったら、マルはどうなるのだろう。マル一匹では生きていけないし、仮にホテルに預けたとしても、いつかお金が尽きたらお世話をしてもらえなくなってしまう」

しばらく経ったある日、またマルが男性を見て、悲しそうにクンクンと鳴き出したそうです。

「あぁ、もしかしたら自分の病状が重くなっているのかもしれない。明日病院へ行って確かめてもらおう。もしかするとまた入院するかもしれない。そうしたらお前も頑張ってな、俺も頑張るから」

そう思いながら、ベッドの横にいるマルを撫でながら寝たそうです。

ところが翌朝、男性が目覚めると、昨日まで元気だったマルが冷たくなっていたらしいのです。すぐに動物病院に連れていかれましたが、時すでに遅く、マルは亡くなっていました。原因を調べた結果、恐らく心筋梗塞だろうと診断されたそうです。

「マルは、自分の病気を知らせてくれて、命を助けてくれたのに、可哀想なことをしてしまった」

男性は、次に自分の検査に向かうと病院の先生から、「ちょっと後でお話し出来ますか？」そう言われたそうです。

「あぁ、とうとう自分の命が尽きる時がきたな。それでもマルと共にあの世で暮らせるなら良いなぁ」

そう考えながら先生のところへ行くと、先生がこうおっしゃったそうです。

「非常に珍しいんですけれども、今までも症例がなかったわけではないのですが、体の中にあった病気が全てなくなっているんです」

男性は、「もしかすると、マルが自分の身代わりとなって、先に逝ったのかもしれない」そう思って、私のお寺へ来られました。

「マルの命を私が奪ってしまったのであれば、これは申し訳ない。どうしたら良いでしょう」そう泣きそうな顔をされながら、聞いて来られました。

相談を受けた私は、男性にこんな話をしました。

「先に亡くなられたご家族、ペットがもし、自分の代わりに亡くなったのであれば、なお一層日常生活で、その方の命の分まで、しっかりと生きなくてはいけないのではないでしょうか。ただ生きるのではなくて、〝正しく生きる〟ということを心掛けて、これから生活していかれてはいかがでしょうか」

男性にそう声をかけると、ちょうど話をしていた本堂で「ワン！」と、一度だけですが、犬が大きく鳴く声がしました。

もしかすると、この男性を応援してくれているのではないかな、そんなふうに思いました。

怪談メモ

私は普段、色々な方から怪談話を教えて頂いたり、自分自身の体験をメモしたり、怪異が起こった場所の資料などを集めたりしています。そして最後にその資料とメモを原稿に落とし込む様にしております。これを怪談メモと名づけております。

その際に個人が特定されないように、場所が特定されないようになど、色々な考慮をここでさせて頂いております。これは昨今、心霊スポットに無断で立ち入る住居侵入事件や、怪奇体験をされた方に対する誹謗中傷が多くあり、それらを避ける為です。

今回は、そんな怪談メモを出来るだけそのままに、皆様に紹介させて頂きます。

たった今、この原稿を講演会の出張先の旅館で書いています。普段はこのような旅館に泊まらせて頂くことはないのですが、講演の主催者の方が気を使って取って下さいました。

今まで見たことのない様な旅館です。中には噴水があり、ライオンの口から水が出ています。大正時代の建築だと説明を受けました。和洋折衷のとても高級な造りの建物です。間違いなく宿泊費も高額なのだと思います。主催者の方に感謝です。新館と旧館を繋ぐ廊下を通って、この部屋に案内されました。廊下の突き当たりが私の宿泊する部屋で、ここは旅館の離れと呼ばれる旧館なのだそうです。廊下はそのまま直角に曲がり、どこかへと続いています。部屋までご案内くださった仲居さんが、旧館の部屋は特別室となっており、他の部屋より広いのだと教えて下さいました。主催者の方がゆっくり休めるようにご配慮くださった事が分かります。

ゆっくり休みたい所ですが、そういう訳には行きません。この原稿以外にも数本書かなくてはいけない原稿が残されております。

先ずは、女性週刊誌の原稿を書き終えました。次に、某専門誌の原稿も書き終えました。ここまでは怪談とは関係のない原稿でした。そして今、この原稿を書いております。

原稿を書くにあたり、色々なメモや資料を確認するのですが、資料を確認していますと、先ほどから時々パシャパシャというシャッター音のようなものが聞こえています。時間は、夜の十二時二十八分です。資料をメモに落とす作業をしながら、今起こっている事をメモします。

今、突然、部屋の電気が勝手に消えてしまいましたが、原稿はｉＰａｄで書いていますので問題はありません。電気が点きました。これは私の部屋だけなのでしょうか。取り敢えず資料とメモをまとめます。

今、夜の十二時五十九分です。ｉＰａｄから音楽が勝手に流れてきました。と共に、何かお線香の匂いがしています。誰かが私のｉＰａｄを触ったようです。音楽は深夜ですので止めます。

「大切な原稿や資料やメモが消えてしまうと一大事ですので、どなたか分かりませんが、ｉＰａｄを触らないようにお願いします」と声に出して言いました。入り口の辺りで「コンッ」という音がしました。恐らく出て行かれたのでしょう。お線香の匂いもなくなりました。資料をメモに落とす作業をします。

「パタパタパタ」とスリッパで廊下を走る音がします。そして若い女性の声で「もう嫌です」という泣きそうな声が聞こえてきました。何が嫌なのかは分かりません。やたら「パタパタ」と聞こえますので部屋の入り口に行きましたら、扉が半分近く開いていました。私は確実に閉めたので、勝手に開いたようです。

先程からの「パタパタ」というスリッパの音は、廊下を旅館の仲居さんが数人走っておられた時の音のようです。私が廊下に出ると、四人の仲居さんが、廊下の端で何かお話ししておられました。その内のお一人は、泣いておられるご様子でした。「どうかされたんですか」私は一人の仲居さんに声を掛けました。「なんでもないんです。お騒がせして申し訳ありません」と泣いておられる仲居さんの背中を他の仲居さんが押しながら奥へ行こうとされた瞬間「ゴトンッ」という音がしました。その音に驚いた四人の仲居さんは「キャー」と短い悲鳴をあげられました。

「一体何が起こっているんですか」と私が再び聞きますと、何も答えずに仲居さん達は、新館の方に、ペタペタとスリッパを鳴らしながら帰って行かれました。私は部屋に戻りました。時間は深夜一時四十二分。

部屋に戻ると、やたら「パチパチ」というラップ音のような音が鳴り出しました。深呼吸して、部屋の中を集中して見ました。すると一瞬、クローゼットの方に沢山の小さな丸い影が動くのが見えました。私はすぐにクローゼットを開けましたが、何もいません。

あらためて部屋から更に奥へと続く廊下を見ましたら、途中までしか明かりが無く、廊下の先は真っ暗で何も見えません。取り敢えず部屋に戻りました。時間は深夜一時四十七分。資料をメモに落とす作業を再開。

只今の時間は、深夜二時三十二分。廊下で物音がします。何か物を引きずるような感じの音です。静かに廊下に出てみます。

奥へと続く、真っ暗な廊下の先に、何かが置かれているのが見えました。少し近づいて見ると、子供用なのか、小さなサイズの木製の椅子が置いてありました。

さっき見た時はありませんでしたので、誰かが置いたという事になります。

私はiPhoneで写真を撮ろうと、iPhoneを取りに部屋に戻ろうとしたその時でした。

「ゴトンッ」という音と共に椅子が転がって廊下の奥の暗闇へと消えて行きました。

この先、この旅館に滞在中は、動画や写真を撮れるようにiPhoneを持って歩くことにします。

部屋に戻りますと、再びiPadから勝手に音楽が流れています。今止めました。

原稿を書かなくてはいけないのに、合間にこのメモを書くので、些か疲れました。

このまま寝て、早めに起きて原稿を書こうと思います。ですので一旦寝ます。時間は深夜二時三十五分。

時間は深夜三時三十五分。丁度一時間寝たようです。まだ寝たいのですが、変な音に起こされました。

その音は、何かの話し声の様にも聞こえます。今も少し聞こえます。クローゼットのある方から聞こえてきます。クローゼットの中に頭を入れて、音の原因を探りたいと思います。頭を中に入れると、静かになりました。しかし、直後に後ろで音がしました。

私は静かに机の前に座り、メモ用の紙を使って、折り鶴を作りました。それを床にそっと置きます。数分後、その折り鶴は引きずられる様に部屋の床を移動しました。私は再び折り鶴を作り、床に置きました。床に置くと同時に床を滑って行きました。先程の折り鶴もまた床を滑っています。

程なくして子供の笑い声が聞こえました。私は、持ち歩いているお線香を机の上で焚き、消えるのを待って再び床につきました。時間は四時十二分。

午前七時起床。部屋の床からは折り鶴がなくなっています。洗面、歯磨きなどして、午前七時三十分、仲居さんが朝食を持って来てくださいました。その仲居さんに続く形で男性の方も入って来られました。

男性はこの旅館の支配人さんで、昨夜、仲居さん方が騒いでおられたことについての謝罪でした。

私が怪談和尚と言われている事をご存知の上で、全てお話しくださいました。

この旧館は、元々〇〇という方の邸宅だったそうです。それを途中、色々な会社や個人が買って、使われていたそうです。それから最終的に、現オーナーが買われて、旅館とされたそうです。

しかしこの旧館では、怪奇現象が頻繁に起こる事から、敷地内に新館を建てて、そちらを客室に使われているという事です。

そして、この旧館の廊下の奥には、仲居さんや従業員用の宿泊部屋があるそうです。しかし、やはり怪奇現象が起こるので、皆さん怖がってあまり使用されないとの事でした。

昨夜、泣いておられた仲居さんにお話をお聞きしてみたいとお願いしましたら、一緒に居られる仲居さんがその方でした。

昨夜の涙の理由をお聞きしましたら、部屋に一人で居ると突然、子供のはしゃぐ声がして、誰かに着ている服を引っ張られたそうです。今までは怪奇現象を全く信じていなかったので、今回体験して、その存在と恐怖を知ったとの事です。

私は、この旅館をチェックアウトする前に、手の空いている方に出来るだけ集まって頂き、旧館の奥の部屋でお経を上げさせて頂きました。

お経が終わると同時に、大勢の子供達の笑い声がして、その声は空へと上がって行きました。私の折った折り鶴は、どこを探しても見つかりませんでした。子供達が天へと持って行ってくれたのかも知れません。

これから、この旧館は、耐震の関係などもあって取り壊されるそうです。その前に私が泊まれたご縁を嬉しく思います。

追伸、

後日、調査した所、この建物が大正時代に建てられる前は、ここは小児病院だったようです。私が見た木製の椅子は、その時代の物だったのではないかと思っております。

※今回は、私の怪談メモをお読み頂きました。怪談メモをそのままここに載せても分かりにくい為、一部分かり易いように加筆修正させて頂いております。

正夢

夢というものは不思議なもので、何故見るのか、何を見ているのかなど、まだ科学的に完全に解明はされていないそうです。そんな夢の中でも、正夢と言われるものがあります。今回は、そんな正夢についてのお話です。

私も時々、正夢を見る事があります。以前、本にも書かせて頂きましたが、宝くじが当たった時は、まさに正夢を見て当選を引かせて頂きました。そんな私の元には、普段よく正夢を見るという方からご連絡を頂く事があります。

ある時は「〇〇という場所で何月何日の何時に地震が来る夢をみました」とご連絡頂き、実際にその通りに地震が来たこともあります。

またある時は、私が大きな火事の夢を見た時、さる方から「〇〇という場所が火事になる夢を見ました」とご連絡頂きました。私がインターネットでその場所を調べると、私が見た夢の場所でした。そして数日後に実際にその場所から出火したという事もありました。

そんな方たちの中でも、とりわけ精度が高い正夢を見る、山田さんという女性の方が居られます。

この女性は私よりも一回りほど年上の方で、若い頃からよく正夢をご覧になられていたようです。

例えばある日の夢で、ご主人と四歳になる息子さんとが出てきたそうです。場所は夏の海で、広がる砂浜には沢山のパラソルが立ち並び、楽しそうにはしゃぐ人達が居たと仰います。

綺麗な夏の風景だなあと思っていると、視線は突然、浮き輪を付けた息子さんの方に向き、暫くすると息子さんは浮き輪からスッポリ抜けて、海に沈んでいったらしいのです。

現実世界でも海に行く予定を立てていたので、夢の話をご主人にして海に行くのを止めようと言ったそうですが、ただの夢だろうと取り合ってもらえなかったそうです。

斯くして、実際に海に行く事となりました。到着して砂浜を見ると、夢で見た光景と全く同じで、パラソルや楽しそうにしている人達の姿があったそうです。そして、視線を息子さんに向けると、浮き輪を付けて海に浮かんで居たそうなんですが、その瞬間、浮き輪から抜けて海に沈みました。直ぐに助けに行き、事なきを得たとの事です。

そんな山田さんと、正夢を見た時の事についてよく話をします。大きな災害や事件などの夢を見た時は、先に夢の内容を公開していれば防げたのか、公開していれば実際には事件が起こらなかったのかなど、色々と悩む事があります。もし公開したその時点で未来が変わった場合、嘘つきだと世間から言われるだけでなく、それによって混乱を来す可能性もあります。それに、実際正夢だと確認できるのは、夢を見た本人さえも、その時まで分からないのですから、なかなか公開するのは難しい事なのです。

そんな山田さんと、何とか嫌な未来を変えることが出来ないかと話をしていたある日の事です。山田さんが、恐らく正夢だろうと思うくらいにリアルな夢を見たと話してくださいました。

私も山田さんもそうなのですが、正夢を見た時の特徴として、起きてから夢の光景が写真を撮った時のように頭に残る、ということがあります。しかも、すれ違った人達や、その人達が着ていた服、身につけていた物までもが、夢から覚めた後もハッキリと思い出せるのです。

そんな今までの経験から、昨夜見た夢は正夢ではないかと仰るのです。しかもその夢の内容は人命に関わる事だったため、どうしたら良いのか分からないと少しパニックに陥っておられました。

私は山田さんに、まだ現実には起こっていませんので大丈夫ですよと、落ち着くように促しまして、お話を聞かせて頂きました。

「夢の中での事がハッキリと頭の中にあるので、とても怖いですが、三木住職には聞いて頂きたいのでお話しします」

そう言うと、山田さんは深呼吸をした後に、話し始めてくださいました。

夢の中で、私はある大きな交差点を歩いていました。外は明るかったので、時間はお昼間だと思います。

そしてそのまま交差点を過ぎると、地下鉄に繋がる階段を降りて行きます。途中すれ違う人達の服装はカジュアルなものが多かったので、朝の通勤時間などではないようでした。

比較的、人はまばらで、混雑している感じではありません。私が地下へと降りる階段が地下鉄の乗り場につながるという確信を得たのは、地下道にキオスクがあったからです。

私の視線の先には、真っ直ぐに続く地下道がありました。

その時「キャー」という女性の叫ぶ声が聞こえたんです。私の視線は、その声のする方へと素早く移動して行きました。

やがて、血だらけの若い女性が倒れているのが見えました。どうやら腹部を怪我している様子でした。そして次に私の視線は、女性を見下ろすようにすぐ側に立ち尽くす、背の高い男性に向けられました。

男性の手には、血のついた包丁が握られていました。返り血なのか、男性の服や顔にも、女性の血がベッタリと付いていました。そして男性の目は、ハッキリと私に向けられたんです。夢の中でしたが、恐怖を感じた私は夢から目覚めました。

「三木住職、これはまだ起こっていない殺人事件です。場所や大体の時間も見当がついています。それに地下道にあったキオスクに売っていた新聞の日付も覚えています。夢の女性を助けに行きましょう」

山田さんは、話し始めとは全く違い、私の目を見て力強くそう仰いました。山田さんが正夢に違いないという確信をお持ちなのが、私にも伝わりました。

しかしながら、この事件を未然に防ぐために何をどうしたら良いのか思案しましたが、警察に連絡をしても、どのように説明をすれば良いか分かりません。かといって、私と山田さんとで未然に防ぐのも難しい様に思います。それに、事件が起こるであろう日は、私は遠方に出かける用事がありました。そこで山田さんが、当日ご主人とお二人で現場に向かう事にします、と仰ってくださいました。お力になれずに申し訳なく思ったのですが、そうして頂くことにしました。

当日の朝、山田さんご夫妻は、夢で見た地下鉄の入り口に到着しました。そして、夢で女性が倒れていた場所へと降りて行こうとされたその時、背の高い若い男性がご夫妻の横を通って行きました。その瞬間、山田さんはご主人に、声を出す事なく手振りであの男性が犯人だと合図されたそうです。

今から数分後に女性が刺されてしまう。そう感じたご夫妻は、地下鉄の入り口前にある交番に行き、挙動の怪しい人が居ると言って警察官と共に地下へと入って行かれました。

警察官の方は、事件を起こすであろう男性に職務質問をしようと声を掛けられたそうです。するとその男性は、それを避けるかのように走り出されたらしいのです。

慌てて警察の方が追いかけたその時「キャー」という女性の叫び声が、地下道に響き渡ったというのです。「助けることが出来なかった」山田さんがそう思って、悲鳴を上げた女性を見ると、信じられない光景をご覧になられました。

何と女性は、悲鳴を上げながら、自分の腹部を何度も何度も刃物で刺していたというのです。

「やめろ！」という声と共に、女性の持っている刃物を男性が取り上げました。続いて警察官の方が女性を取り押さえたというのです。

刃物を女性から取り上げた男性は、うずくまる女性の側に立って居ました。この光景こそが、山田さんが夢でご覧になられた光景だったのです。男性が女性を刺したのではなく、自ら命を絶とうとした見ず知らずの女性を助けた、善意の人だったのです。

この後、駆けつけた警察官の方々の応急処置によって、女性は一命を取り留めたとのことでした。

もし入り口でこの男性に声を掛けたり引き留めていたとしたら、女性は亡くなっていたかもしれません。

人間は物事の一面だけを取り上げて、その善悪を判断してしまう事がありますが、よくよく事実を確認し、冷静に判断しなければいけないのだと考えさせられた出来事でした。

白いモヤ

「うだつが上がらない」という言葉があります。「出世できない人」というような意味で使います。語源の由来は諸説ありますが、一軒家を建てる際に、隣との間に設ける防火壁、延焼を防ぐ為の壁の事を「うだつ」という説があります。そして、このうだつを上げられるようになれば、隣近所の事まで考える事のできる、それなりの財力も持った立派な人だという意味となります。ですから逆に、うだつを上げられない人の事を「うだつが上がらない」という訳です。

ともあれ、自分の家を持つということは、人生においてとても大きな事です。

さて、今回お話しくださった佐々木さんは、ある時一軒家を購入される事になりました。

佐々木さんご家族は、ご主人と奥様、小学四年生のお姉ちゃんと小学一年生の弟さんの四人家族です。ご家族は、マンションにお住まいだったのですが、子供さんが大きくなられたのを機に、子供部屋のある一軒家を購入され、お引っ越しをされたのです。

一軒家を購入するにあたって、色々と見て回りました。その中で、明らかに掘り出し物と言っても良い程に条件が良い家が見つかったんです。築年数は三十年近く経っていましたが、綺麗にリノベーションされており、三階建てで、部屋数も希望しているだけありました。そして、近くに小中学校もあり、私の会社への通勤時間もそれ程かからない場所にあったのです。子供達は引っ越しの為、転校をしなくてはならなくなりましたが、前の学校ともそれ程離れた場所ではなかったので、抵抗なく受け入れてくれました。

自分に家族が出来て、生涯暮らす家も決まり、こんな幸せな事はありません。

私は幼少期に家族に恵まれませんでした。父親と母親の仲が悪く、口論するだけではなく、互いに暴力を振るう事さえよくありました。そして子供の頃に両親は離婚しました。私は母親に付いて家を出たのですが、その後に再婚した相手は、私に暴力を振るって来ました。母親はそれを止めようともしませんでした。その後、近所の方の通報で児童相談所に預けられ、高校を出るまで施設で暮らしました。ですから今、家族と共に生涯暮らしていける場所を見つけられた事は、私にとって、最高の幸福なのです。

そんな幸福を感じながら、引っ越しをして、ようやく新しい家にも馴染んで来た頃の事です。

いつもの様に一階のリビングで晩御飯を食べていると、小学一年生の息子が、突然「あの人誰なの」と何かに怯えるような表情で聞いて来るのです。息子が指差す方を見ても誰もいません。ですので「誰もいないよ」と私が言うと、突然「怖いよー怖いよー」と大泣きし出しました。

息子の言う、人が居たという場所は、冷蔵庫の置いてある場所で、そこには人と見間違えるようなものもありません。ですから恐らく、単なる勘違いなのだろうと、その時は気にせずにいました。

それから数日後、出張の仕事が入り、私は数日間、家を留守にすることになりました。

出張の間も私は、晩御飯の時間になると、出張先のホテルの部屋にお弁当を買ってきて、家にいる家族と携帯の動画を繋いで一緒に食事を摂りました。

「今日は学校は楽しかったか」

「うん、楽しかった。学校が終わってから友達の家で遊んだよ」

「そうか、よかったね」

そんな会話を娘としていると、画面に何か違和感を覚えました。一瞬白いモヤがかかったように見えたのです。電波状況が悪いのかなとも思いましたが、音声も映像もはっきりとしています。

それでも娘や妻と会話を続けていると、突然、息子の声が入って来ました。

「あの人誰」再び息子がそう言うのです。

「大丈夫、大丈夫」息子が怖がっているのを察した妻が、冷蔵庫に背を向ける形で息子を抱き上げました。

「パパだよー。今日は何して遊んだの」私は必死で息子の気を引こうと話しかけました。

すると今度は娘の声がして来たのです。

「あの人誰」

「どうした」私が携帯電話に呼びかけると、妻は「大丈夫よ。一度このまま二階に二人を連れて行くね。ちょっと待ってて」と言って、携帯電話をリビングの机の上に置いたまま二階に子供たちを連れて行きました。

「二階で何か映画でも見る？」そんな妻の声に続いて、階段を登っていく足音が聞こえました。

私の心臓は小刻みに鼓動を打っていました。こめかみを血液が勢いよく流れて行くせいか、頭まで鼓動を打っているように感じました。

もし自分が留守をしている時に、家族に何か危険があったらどうしたら良いんだろう。警察に電話をするべきだろうか。今、二階で家族は危険な目に遭っていないだろうか。幼少期のトラウマは、私を極度の心配性にしたのかも知れません。

暫くして、妻が携帯の画面に現れました。

「ごめんね。何か怖い話でもお友達から聞いたのかしら」

「そうかも知れないね。子供達は大丈夫？」

「うん。今は機嫌良く二階で映画のＤＶＤを見てる」

「そうか、良かった。何かあったら真夜中でも良いから電話してくれよ」そう私が言うと、家内は「心配しないで。いつもの心配性が出てるよ」と、明るく笑って答えてくれました。

そして、携帯電話を切ろうとしたその瞬間、妻の後ろに一瞬、何か人影のような物が映ったように見えました。それが何なのかを確認出来ないまま、電話は切れてしまいました。

直ぐにかけ直しましたが、画面は二階の部屋を映していました。

「どうしたの」と妻に聞かれました。

「いや、寝る前にもう一度子供達の顔を見ておこうかと思ってね」

妻まで怖がるといけないと思い、人影のような物の事を話すのは止めました。

画面には映画を食い入るように見る子供達が映っていました。

「そろそろ子供達をお風呂に入れるね」

「そうだね。おやすみ」

「おやすみなさい」最後に妻の顔が画面に映った後ろ、階段の所を人の形をした霧がゆっくりと上がってくるのがはっきりと見えました。

「おい」私が声を掛けると「どうしたの」と家内は通話を切る寸前で手を止めました。しかし説明をしようかと思った時には、その霧は無くなっていました。

「何でもない。おやすみ」そう言うと、妻は私の心配性を笑って電話を切りました。

その夜の事です。明日は朝早くから仕事があるというのに、家族の事がやけに気になり、なかなか寝られずにいました。

「自分が心配性なのは分かっている。しかしあの霧のような物は何だったのだろう。息子や娘が見たものは、あれと関係があるのかも知れない」

そんな事を考えながらベッドに横たわっていると、突然不気味な音が聞こえて来たのです。

「ヴィーン、ヴィーン、地震です。ヴィーン、ヴィーン、ヴィーン、地震です」携帯電話の緊急地震速報でした。そして、その数秒後、グラグラと大きな揺れがやって来ました。

数秒の揺れでしたが、比較的大きな揺れで、ホテルの部屋に置かれたコップが倒れる程でした。私は揺れが収まったと同時に、妻の携帯電話に電話を掛けましたが「プー、プー、プー」という音声のみで繋がりません。

次に私はテレビを点けて、緊急速報を確認しました。

「震度五の地域は、次の通りです。○○県、○○町、○○町……」読み上げられる町名の中に、自宅の町名が出て来ました。

私は何度も妻の携帯電話に電話をしましたが、繋がりません。

もう明日の仕事なんかどうでも良い、今すぐ帰ろうと荷物をまとめ始めました。

その時、携帯電話が鳴りました。電話は妻からでした。

「もしもし、大丈夫か」私が問いかけると、直ぐに妻の声が返って来ました。

「子供達も、私も大丈夫」私は声を聞けたことに安堵しました。そして直ぐ後に子供の声が聞こえました。

「パパ、大丈夫だよ」娘の声が聞こえました。その後すぐに二人が声を揃えてこう言ったのです。

「おじいちゃん、ありがとう」と。

翌朝、私は会社から、すぐに帰宅して良いとの連絡を貰い、すぐに帰宅しました。帰るとすぐに子供達が飛びついて来ました。

「大丈夫だったか」私が子供達にそう聞くと、二人は笑いながらこう言いました。

「おじいちゃんが守ってくれたから大丈夫」と。

私は意味が分かりませんでした。そこであらためて妻や子供達に話を聞くと、信じられない話をしてくれました。

地震が来る少し前のことだったそうです。お風呂から上がって、みんなで布団に入った時、地鳴りのような音がして、携帯の緊急速報が鳴り出したそうです。その数秒後、ドンッという大きな音と共に、激しい揺れが襲って来たそうです。

その瞬間、妻の目に、タンスが子供達の方に倒れていくのが見えたそうです。

「危ないっ」と思った瞬間、白い霧の様な物に覆われ、タンスはふわりと倒れる方向を変えたそうです。三人は揺れが収まるまで、その霧の中に居たというのです。

そしてその霧の上を見上げると、そこには見たことのない男性の顔があったのだそうです。

その顔に気づいた子供達は「おじいさんは誰」と問いかけたと言います。

するとその男性は「おじいちゃんだよ。みんなを見守っているからね」と答えてくれたと言うんです。

それから数ヶ月が過ぎて、その男性の正体が分りました。

きっかけは、警察の方からの電話でした。

「あなたのお父さんが、数ヶ月前に、○○県の自宅で亡くなられていました」

私は父の顔を殆ど覚えておりません。ですが、亡くなった父の持ち物などから、私が子供であるということが分かったというのです。すでに遺体は焼かれていましたので、遺骨を引き取ることになったのです。警察からは、遺骨と共に、子供の頃の私と写った写真を数枚渡されました。その写真を妻に見せると、驚いたように子供達に見せました。

そして子供達は声を揃えて「あ、おじいちゃん」そう言ったのです。

どうやら、あの地震の時、妻と子供達が霧の中で見た顔は、私の父親だったようなのです。

父は、母と離婚後、誰とも再婚せずにいた様です。そして、何度も親権を取るために、家庭裁判所に足を運んでいた事なども分かりました。

「父親は私の事をずっと心配してくれていたのだ」そう思うと、父親に寂しい思いをさせていたのではないだろうかと、私の方が申し訳ない気持ちになりました。その瞬間、霧のようなものが私を包み込み、そして消えていきました。

きっと父があの地震の時に、私の家族を守ってくれたのだと、今も信じています。

そうお話しくださいました。

佐々木さんのお父様は、離れている間、とても辛く、寂しい思いをされていたのでしょう。もしかすると、離婚はしたくなかったのに、そう成らざるを得ない理由があったのかも知れません。

何にせよ、亡くなられた後ではありますが、今は一緒に居て、佐々木さんの家族を見守ってくださっているのだと思います。

第四章

縁

お釈迦様のお弟子さんに、阿難陀(アナンダ)という人がいました。

ある日、阿難陀は、お釈迦様に一つの質問をされました。

「お師匠様、私はもしかすると、修行の半分の教えを悟ったかも知れません」

それをお聞きになられたお釈迦様は、喜んでこう言われました。

「それは素晴らしい。是非、聞かせてください」

阿難陀は恐縮しながらも質問されました。

「誰とでも善き友になる様に努力し勤め、善き友となり、そして善き友に囲まれる事は、修行の半分くらいの悟りではないでしょうか」と。

すると、お釈迦様は、大きく首を横に振りながら、こうおっしゃいました。

「阿難陀よ、あなたは大きな思い違いをしています。誰とでも善き友になる様に努力し勤め、善き友となり、そして善き友に囲まれる事は、修行の半分の悟りなどではありません」

そして、阿難陀の目を真っ直ぐに見ながらお釈迦様はこう続けられました。

「阿難陀よ。それこそが修行の半分どころか、全ての悟りなのです。よく悟りましたね」そう言ってお釈迦様は阿難陀の事をお褒めになられました。

さて「誰とでも善き友となる」とはどういう事でしょうか。

ある人が悪口を言ってきたとしましょう。そして嫌な事もしてきたとしましょう。それでも、その人が困った時には、善き友となって助けてあげる努力をする事です。そして、その人と善き友になるのです。「善き友」とは、良き友ではありません。自分にとって良い友達ではなく、共に善い事をする仲間です。

そして、そんな善き友に囲まれて暮らす事は、仏道修行の全てであるという訳です。

世界中の人々が、善き友になる様に努力し勤め、善き友となり、そして善き友に囲まれた時、この世から不幸な人はいなくなる訳です。

悪縁

私がお坊さんの世界に本格的に入ったのは、大学一年生の時です。それ以来、私の頭は丸坊主です。髭剃りのついでに頭もカミソリで剃ります。ですから散髪屋さんにお世話になったのは、高校生の頃まででした。そこは近所にある散髪屋さんで、現在も営業されていますので、前を通りかかると、髪の毛のあった頃の自分を思い出します。

さて今回は、ある知り合いの女性の方が通っておられます美容院さんでのお話です。

女性は、その美容院さんには開業当時から通っておられたそうです。お店には、店長さんの神田さんと、有本さんという方が居られました。

二人は年齢も近く、とても仲の良いお友達同士といった感じだったそうです。そんな有本さんが、ある日、独立してお店を持たれる事になりました。神田さんもそれを応援する形で有本さんの独立を大変喜んでおられ、常連のお客様に声を掛けて、お別れ会まで開かれたそうです。

そんなある日、いつものように神田さんの美容院に行きますと、少し神田さんの元気がないように見えたらしいのです。あれだけ仲の良かった有本さんがお辞めになられたので、落ち込んでおられるのかと声をかけると、神田さんにある心配事があることが分かりました。

実は神田さんの美容院では、有本さんの代わりの方も決まり、お店は順調に運営できているそうなんですが、お辞めになられた有本さんのお店があまり軌道に乗っていないと聞かれたそうなんです。それが心配で元気がなかったのです。そして神田さんはこう仰ったそうです。

「ここはかなり距離もあるので無理は言えませんが、もし良ければ、一度だけでも有本君のお店に行ってあげて欲しい」そう言われたそうです。

正直、有本さんのお店は女性の自宅から二時間はかかる場所にあったので、行くのは大変だと思ったそうですが、今までの付き合いもあるので、一度行ってみますと返事をされました。

それからひと月程して、髪の毛も伸びて来たので、少し遠いですが、有本さんのお店に行かれる事にされました。

有本さんのお店は開業からまだ数ヶ月しか経っていない事もあり、店内はとても綺麗で、有本さんも以前と変わらず元気そうに見えたと言います。そして、わざわざ遠方から来てくれたと有本さんはとても喜んでくださり、色々と開業に至るまでのお話などを聞かせてくれながら、カットをしてくださったそうです。そして、話はお店独立の理由へと変わっていったらしいのです。

実は有本さんは、お客様の頭を洗っていて、ある事に気が付いたそうなのです。それは、シャンプーやリンスの質です。ある日、シャンプーの粘りが足りないように感じたそうなのです。そしてシャンプーだけでなく、リンスやトリートメント、その他髪の毛を守るための薬品なども、何となくおかしいと感じられました。

そのことを神田さんに言うと、そんな事はないと無視をされたそうです。しかしその後も粘り気のないシャンプーは、更に粘り気がなくなっていったようなのです。そこで有本さんは、同じものを個人的に購入して比べてみたところ、明らかな違いがあると分かったそうです。そこで神田さんに詰め寄ると、実はシャンプーを薄めていると告白されたそうです。お客様を裏切るようなその行為に、有本さんは食ってかかられました。すると神田さんは、何の価値も分かっていない客なのだから、高級なシャンプーを使わなくても分からないと言ったそうです。

特にお店の売上が落ちているわけでもないのに、そのような詐欺的行為は許す事が出来ないと言うと、それではお店を辞めろと、実質的にクビを言い渡されたそうなのです。

この話を聞いた女性は、とても信じる事が出来なかったそうです。もしこの事が本当なら、何故わざわざ有本さんのお店に一度行ってあげて欲しいと神田さんからお願いされたのか、疑問に思われたのです。

すると有本さんは、申し訳なさそうにこう言われたそうです。それは嫌われているからだと思います、と。神田さんは、個人的に嫌いなお客様の名前をあげて、可愛くないとか、似合っていないのに喜んで帰ったなど、お客様が居ない所で陰口を叩いていたそうなのです。ですから、嫌いなお客様には、有本さんのお店に行くよう仕向けているんです、と仰ったそうです。

とてもショックを受けた女性は、これ以来、時間は掛かりますが、有本さんのお店に通うようになられました。その後、来ているお客さんの中には、神田さんのお店にいた人達も時々見かけるようになり、こちらのお店に移られた方が多いのだなと感じたそうです。

それから半年ほどが過ぎた頃のことです。そのお店に来ると、とても強い臭いがする様になったそうなんです。あまりに臭いが強い

ので、有本さんに何か臭いがしないか聞いても、何もしないと言われるそうです。しかし、その臭いに気がついているのは自分だけではないと感じたといいます。何故なら、あるお客さんが入って来られた時、明らかに鼻のあたりを押さえて臭そうにして、急用が出来たからと予約をキャンセルして帰られたというのです。

その臭いは、何かの腐敗臭と汗の様な臭い、それに獣の様な臭いを足した感じのものだと仰います。カットが終わり洗髪をする頃には、とても臭いに耐える事が出来ずに、洗髪を断って帰るようになったそうです。

そこで女性は、この臭いの正体を教えて欲しいと、私の所に来られたのです。京都怪奇譚の一冊目の中にも書かせて頂きましたが、私は大変鼻がよく、臭いで相手の病気や気分まで分かるのです。ですから、女性はこの臭いが何に該当するのかを教えて欲しいと私に尋ねられた訳です。

臭いを直接嗅いだわけではありませんので、私には判断が難しいです。しかしながら、女性の証言と臭いの説明を細かくお聞きした結果、一つの答えに辿り着きました。

これはもしかすると、胡散の臭いではないかと思ったのです。胡散とは、怪しい、疑わしいという意味ですが、その臭いではないかと思いました。そして、においという漢字は二つあります。それは、心地よい匂いという「匂い」と、不快な臭いという「臭い」の違いです。良い香りに対しては「匂い」。臭いものは「臭い」と書きます。今回の場合は、明らかに「臭い」の方です。

この臭いは、その字を二つに分けると「自」「大」になります。すなわち、自分を大きく見せると書く訳です。ですからもしかすると、有本さんは、自分を大きく見せる為に嘘を言っておられたのではないか、と思いました。そして、自分を神田さんよりも大きく見せるために放つ、胡散臭い臭いが、体から出ていたのではないかと思った訳です。

そこで、神田さんのお店に今一度行かれて、真偽を確認されてはどうかと提案させて頂きました。

早速、女性は神田さんのお店に行かれ、事情を全て話されました。そして、事の真偽を確かめるべく、お店で使われているシャンプーと同じ物を持参して、直接違いがないかを確かめられたそうです。結果、神田さんのお店で使用されていたものは、薄めたりしたものでは全くありませんでした。

事の全てを謝罪され、有本さんに抗議しましょうとなったそうですが、神田さんはこう仰ったらしいのです。

「有本君も自分のお店を繁盛させるためにした事だと思いますので、これ以上事を荒立てないで欲しい」とお願いされたそうです。

その後、有本さんのお店は、大きな借金を残し、廃業されたそうです。神田さんのお店は、店舗数を増やし、沢山のお客様が今も予約を待っておられる人気店になったそうです。

人間は、悪い噂ほど信じやすく出来ている様に思います。たとえば炎上商法などは、先に悪い噂を流すことで有名になり、商売を成立させたりします。気を付けなければなりません。

そして、更に気を付けなくてはいけないことは、その悪い噂を信じてしまい、悪い縁を結んでしまう事です。悪い噂を信じて更に広め、互いに悪口を楽しむ仲間が出来てしまうと、その人の人生は運に見放されたものとなってしまいます。悪を恐れ、悪から離れて生活をするようにしなければなりません。

身代わり

動物には、巣立ちの時期があります。例えば、キタキツネの場合、子供が大きくなって、餌も一人で取れるようになると、巣穴に帰ってきた子供を親が攻撃して、敢えて独り立ちをさせるそうです。その時、小狐は親に巣穴に入れてくれるようにお願いをしますが、親は決して許す事なく攻撃をするそうです。

そうやって巣立った小狐は、やがて成長し、親があの時、攻撃して来た事の意味を知る訳です。そして自分が親となった時、やはり我が子にも同じ事をするのです。何故この様な事をするのかと言うと、同じくらいの量の餌を食べる狐が、何匹もそのテリトリーで暮らせないからです。すなわち、飢え死にを避ける為だと考えられております。これ以外にも専門的に見ると理由は色々と考えられる様ですが、私はこの様に思うのです。

順当に行けば、親が先に死ぬ訳です。ですので、若く力のある内に巣立ちをさせ、一人で生き抜く知恵を付けさせる為ではないかと。勿論、本当の事は、親狐さんに聞いてみないとわからないですが。

さてこの様に、動物の世界には巣立ちの時期がある訳ですが、人間の世界ではどうなのでしょうか。成人の日を迎えると大人の仲間入りが出来る、という意味では、それが巣立ちの時なのでしょう。

成人式は、国によって年齢も異なります。早い国では、十四歳という所もあります。そして儀式も色々とありますが、中でも恐ろしいのがマサイ族の成人式です。十四、五歳になった男の子は、一人でサバンナに行き、ライオンを狩って帰って来なければ、一人前の大人として認めて貰えません。私がマサイ族の人間であれば、未だに成人出来ずにいる事は間違いありません。

さて次に、人間を動物という観点から見てみましょう。その場合、巣立ちの時期は、反抗期と呼ばれるあたりではないかと私は思っております。

子供が親に反抗し、必死で巣立ちをしたいと思っているのに、親が子離れを出来ずに色々と世話を焼いてしまいます。もしかすると、キタキツネで言えば、この時こそ、親が子供から、子供は親から離れる時期なのかも知れません。

さて今回は、ある男性の反抗期の頃のお話です。

私の反抗期は、中学二年生あたりでした。髪の毛を脱色したり、喧嘩をしたり、遅くまで家に帰らなかったりと、親にはかなり心配をかけました。

そんな反抗期真っ只中のことです。私は学校へ行くと、決まって桐本君という男の子を虐めていました。学校で顔を見るなり「顔が鬱陶しいから学校へ来るな」などという暴言は当たり前で、手を出す事もしょっちゅうありました。

桐本君は、一年生の頃は明るく、特に虐められるタイプではなかったのですが、二年生になる頃には、何故かとても暗い雰囲気になっていたんです。それが理由で虐めるようになったのかどうかさえ、今となっては覚えていません。恐らくその頃の私には、特に理由はなかったんだと思います。ただ自分の憂さ晴らしで、彼を虐め始めたのかも知れません。

そんなある日、私は学校で、担任の先生から呼び出しを受けました。理由は、桐本君を虐めているのではないかというものでした。私は虐めなんかしていないと、何度も否定しました。しかし先生は、何人かの生徒から虐めの事実を聞いていると引き下がりません。そこで私が、桐本君本人に聞けば良いと言うと、先生は本人も虐められていると言っていた、と言うのです。

私はこの日、反省文と、虐めをしないという誓約書を書かされました。しかし、その頃の私に、反省文や誓約書は何の意味も持ちませんでした。そんな事よりも、桐本君が先生に言いつけた事に腹を立てていました。

次の日、桐本君が放課後に帰宅するところを待ち伏せして、先生に虐めを言いつけた事を謝らせようとしました。

「おい、桐本、お前先生に俺の事を言いつけたな」そう言って、お腹を思い切り蹴り付けました。すると桐本君はお腹を押さえながら地面に倒れ込みました。

私は彼のカバンを取り上げると、中にある財布を見つけました。そしてお金を取ったのです。それでも桐本君は、何の反応もしませんでした。他にもカバンの中に何かないかと探すと、小さな御守りが出てきました。私はその御守りを地面に投げ捨てましたが、彼は必死にその御守りを拾いに行きました。

お金を取られても動かない彼が、あの御守りには反応するのかと不思議に思いました。そして私は彼からその御守りを取り上げようとしました。しかし、桐本君はその御守りをしっかり両手で握りしめ、絶対に渡そうとしませんでした。

「これだけはやめて。他の物は何でもあげるから」虐めるようになってから、殆ど声を出さなくなった彼が、この時だけは大きな声でそう言ったんです。

そう言われると余計に気になって、殴る蹴るを繰り返し、私は力ずくで御守りを取り上げました。彼は地面に倒れながらも、私の足首を強く握り「返して欲しい」と泣きながら懇願してきました。しかし私はその手を振り払い、上から思い切り踏みつけて、そのまま家に帰りました。

その日の夜、私は二階の自分の部屋で、寝る前に、その御守りを色々と調べてみました。

御守りの外見は、お寺や神社によくある一般的なものでした。前には大きく「身代わり御守」と刺繍されていました。外から触ると、何か厚みのある物が中に入っているのが分かりました。そして触っている内に、私は中身を見てみたいと思ったのです。

そこで、紐を外して開けようとしたのですが、上部も縫ってあり、中身が取り出せないようになっていました。それを見て、余計に中身が見たくなり、私はハサミで御守りの上部を切る事にしました。

御守りの袋は思ったよりも分厚く、中々ハサミで切ることが出来ません。ですので今度は、口の部分を縫い付けている糸だけを切る事にしました。すると、比較的簡単に切ることが出来、袋を開けられたのです。

袋の中には、一枚の木片が入っていました。そしてこの木片には、内容はわかりませんが、お経のような文字が書かれていました。私は、たったこれだけしか入っていないのかと、苦労した割には収穫が少なかったことに不満を感じていました。

そもそも、この御守り袋には「身代わり御守」と刺繍されていました。持っている人に何か嫌な事があれば代わってくれる、という意味ではないのか。もしそうなら、桐本君が虐められて嫌な目に遭っているのに、この御守りは何の役にも立っていない事になります。お寺や神社って嘘つきだなと、思いました。

桐本君は身をもってこの事を分かっているはずです。何の身代わりにも守りにもなっていない、それなのに何故あの時彼は、これだけは取られたくないと言ったのか。この時にはまだ分かりませんでした。

私は御守り袋と中身の木片を、窓の外に思い切り放り投げて捨ててしまいました。その後、漫画を読んだりして、寝たのは深夜一時を回っていました。その頃は、毎日のように深夜に寝る生活をしておりましたので、学校にも昼から登校するような、荒れた生活を送っていました。

夜寝ていると、突然目の前が明るくなったのに気がつきました。寝ていたので勿論目は閉じていたのですが、それでも分かるくらいに何かが光ったのです。目を開けると部屋の中は暗く、気のせいかと思いました。しかし、一瞬ですがまた部屋の中が明るく光ったのです。目がおかしくなったのかなと思った瞬間、窓の外から光の玉が飛び込んできました。そして、ゆっくりとゆらゆら空中で止まりました。

それは所謂、怖い話の中に出てくる、あの火の玉そのものでした。私は、火の玉そのものも怖かったのですが、玉から上がる炎が家の天井を焼かないかということも怖かったのです。それだけ火の玉は大きかったのです。

逃げようと思って部屋の扉の所に行こうとした時、火の玉に遮られました。私は扉の前に立ちはだかる様に浮かんだ火の玉を、思いっきり平手で叩きました。熱さは全く感じませんでしたが、まるでボウリングの玉を叩いたような感覚で、びくともしません。そして、平手で叩いた瞬間に小さな火の粉が飛び散ったのですが、それらが小さな火の玉となって、部屋中に飛び始めたのです。私の記憶では、丁度、握り拳くらいの大きさでした。

逃げ場を失って大きな火の玉と対峙している時、突然小さな火の玉が、私のお腹めがけて飛んで来ました。お腹に殴られた感覚があり、その反動で、布団の上に仰向けに倒れ込みました。

そして倒れた瞬間、金縛り状態になったのです。天井を見上げる形で動けないでいると、火の玉が目の前にやってきました。そして火の玉は、オレンジ色から青白い色へと変わり、やがて人の顔に変わっていったのです。

それは髪の毛の長い女性の顔で、私の事を睨みつけて来ました。空中に、見知らぬ女性の頭部だけが浮いているのです。明らかに私に対して敵意を抱いていました。

声も出ない、体も動かない状況で、私はその女性を見続ける事しか出来ません。これからどうなるのかと不安でいると、女性の頭は部屋の天井をぐるぐると飛び回りながら、呪文の様なものを唱え始めました。

次の瞬間、周りに浮かんでいた小さな火の玉が、一斉に私めがけて飛んできました。全身至る所に当たり、このままだと殺されると恐怖を覚えました。心の中で「ごめんなさい、ごめんなさい」と連呼しましたが、一向にその攻撃は止みません。その時の感覚ですが、攻撃が終わるまでに、恐らく一分以上はあったと思います。

攻撃が終わると、部屋をぐるぐる飛び回っていた女性の頭が、再び私の上まで来てじっと私を睨みつけました。

「ごめんなさい。許してください」心の中で取り敢えず謝り続けました。それでも女性は私を睨み続けて、低い声でこう言ったのです。

「見ているからな」と。

その瞬間、今まで感じた事のない頭痛に襲われて、そのまま気を失いました。

朝、布団から起き上がろうとすると、全身に痛みが走りました。外見上は何もないのですが、昨夜の火の玉が体に当たった打撲の痛みだと分かりました。

ふと部屋の机の上を見ると、「身代わり御守」と刺繍された袋と、その中に入っていたお経が書かれた木片が並んで置いてありました。ここで初めて分かったのです。昨夜の出来事は、全てこの御守りの仕業だったのだと。

私は珍しく、朝から学校に行きました。痛い体を引き摺りながらでも学校に行って、桐本君に御守りの正体を聞きたかったのです。

しかし、桐本君は学校を休んでいました。そこで、他の生徒に桐本君の家を教えて貰い、自宅まで直接、会いに行く事にしました。

桐本君の自宅の前まで来ると、たまたま桐本君が出て来ました。声を掛けようとしたその時、彼は私の姿を見ると、走って逃げ出しました。

「ちょっと待てよ。聞きたい事があるだけだから」と大きな声で言いましたが、彼はそのまま逃げていきます。私は全身の痛みを堪えて走って、桐本君に追いつきました。どうやら桐本君も、昨日、私に殴られた所が痛かったみたいで、全速で走ることが出来なかった様でした。

私は彼を捕まえると、先ず、御守りを見せました。そして、昨夜の事を全て話しました。私が話し終わると、彼は驚いた様子でこう聞いて来ました。

「その女の人って、目元にホクロがなかった」この質問に、とても驚きました。確かに、右目の横にホクロがあったのです。

ホクロがあった事を伝えると、彼はその女性の正体が分かったと言って、泣き出しました。

「その女の人は、僕のお母さんに間違いないよ」と。

その後、彼が落ち着くまで待って話を聞くと「身代わり御守」の意味も分かりました。

桐本君の母親は、私達が中一の時に病気で亡くなったらしいのです。それから桐本君はあまり人と話さなくなり、性格も暗くなって、虐められる様になったのです。お母さんは亡くなる前に「お母さんが死んでしまった後も、私の身代わりとして、この御守りを持っていてね」と渡されたそうです。それであの時、桐本君はこれだけは大切にしていたのだ、と理解出来ました。

ここまで話を聞いて初めて、自分が全身を殴られた痛みも、恐怖心も、そして桐本君の気持ちも、やっと少し分かった様な気がしました。

「桐本、今までごめん」私は本当に悪いことをして来たと、桐本君に土下座しながら謝りました。

その後、桐本君の御守りを自分の母親に綺麗に縫って直してもらい、彼に返しました。そして、私の親に対する反抗期も、この日を境に終わりました。

桐本君とは、大人になった今でも、仲良くさせて貰っています。

外敵がなく、狩りの必要もない現代人にとって、巣立ちとは、いつを指して言うのでしょうか。それはもしかすると、集団生活を送る中で、周りの人達の気持ちを理解し、互いに認め合う事が出来るようになった時かもしれません。一言で言えば「和」を理解出来た時なのではないでしょうか。

小説より奇なり

人間は、後悔する生き物だと思います。勿論、後悔しない人生を送ることができれば一番なのでしょうが、そう上手くは行きません。私なんかは、しょっちゅう後悔しています。

例えば、正に今、この文章を後悔しながら書いております。と言いますのも、この本の締切は、既に過ぎております。しかし無理をお願いして、二度、いや三度延長して頂いております。編集者や文章の校正をしてくださる皆様には、大変ご迷惑をおかけしております。もう少し計画的に書いていれば、締め切りを守れて、沢山の方々にご迷惑をかけずに済んだのにと、今も反省と後悔をしております。

さて、そんな後悔をしているのは、私だけではありません。今回のお話は、ある元タクシー運転手の方からお聞きした奇妙なお話です。

今から約三十年位前の事です。その頃はまだ、着物の営業をしていました。百貨店や商店、個人宅に至るまで、色々な所に営業をかけました。時代は好景気で、高い着物がどんどんと売れましたから、営業で苦労をしたことは殆どありませんでした。将来はお金を貯めて、南の島にでも家を建てて、家族で暮らそうと家内とも話していました。

しかしその頃、バブル崩壊の噂が少しずつ世間に流れ始めていました。現在の景気の良さは間も無く弾け飛ぶという話を耳にしましたが、単なる噂だろうと思っていました。と言いますのも、その時もまだ着物の売上は落ちていなかったからです。それに、子供も生まれたばかりで、まさかバブルが弾けるなどとは、考えたくもなかったのです。

しかし、その噂は本当でした。突然、未払金の集金が一部で出来なくなったのです。支払い期限になっても支払いがなく、そのお客さんの家に行くと、もぬけの殻という事がありました。おかしいなと思っているうちに、未収金額は増えていき、やはり好景気は終わったのかと感じるようになりました。

その後、勤めていた着物会社で人員の削減が行われ、その中に私も入った訳です。二十代後半で会社を辞めた私は、次なる仕事を探し、就職活動を余儀なくされました。

しかしバブル崩壊後の日本では、再就職もそう簡単には行きませんでした。どうしようと途方にくれていると、一軒の飲み屋さんで、ある恰幅の良い男性に声を掛けられました。彼は、これから会社を立ち上げるというのです。その会社というのは、絵画ギャラリーです。投資目的で絵画を購入した人が、お金に困って、高額で買った絵画を今や二束三文で売りに出していると教えてくれました。そして、その絵を買い取って、海外のお金持ちに売ると言うのです。

これと似た事が、着物の業界でも起きていました。高額で買った着物を幾らでも良いから買い取って欲しいというお客さんが、大勢いらしたんです。

暫く話していると、この恰幅の良い男性は私より一歳年上で、生まれ故郷も比較的近い場所であることがわかりました。その後、故郷の話で盛り上がり、意気投合しました。

楽しく話をしている内に、彼のする絵画の話にも非常に興味が湧いて来ました。そこで私も一口乗りたいとお願いしましたが、そう簡単に購入ルートは教えられない、と一旦は断られました。背水の陣の私は、何度もお願いしました。すると、ここで知り合ったのも何かの縁だと、一枚の絵を売ってもらえる事になったのです。

その絵の相場は三百万円ほどですが、今なら三分の一の百万円で購入出来る、と言うのです。私は後日、この男性と再会し、百万円と絵画を交換しました。その絵画には尖った雪山が描かれており、その山に向かう大きな荷物を持った一人の男の後ろ姿が描かれていました。私は一目見て、高価な絵だと思いました。長年、着物の絵などを見てきましたから、そこには自信があったんです。

次に、購入した絵画を海外に売りに出さなければいけません。ここでも男性が手伝うと言ってくれました。方法は、海外のオークションにかけると言うのですが、これには五十万円の参加料が必要だと言われました。

これを出さなければ何の儲けにもなりませんから、仕方なく五十万円を支払いました。すると男性は、今回は、五十万円払うと何枚でも絵画をオークションに掛けられる、だから一枚だけでは勿体無いのではないか、と言うのです。確かに、仮に評価通りの三百万円で売れたとしても、差し引き百五十万円の儲けです。そこで男性は、他にも数点分けてあげようかと言ってきました。かなり迷いましたが、未だ仕事も見つかっていない状態でしたから、思い切って他の絵も購入する事にしました。

追加で九枚の絵画を購入し、その総額は八百五十万円でした。その絵は直接オークション会場に運ばれるので、お金だけ払うよう言われました。最初に買った絵画については写真の複製を会場に持っていくので、手元で管理するようにとの事でした。オークションは二週間後だそうで、売れれば三週間後に連絡が来るので、来たら直ぐに連絡するとの事でした。この時の男性の予想落札額は、どんなに安く落札されたとしても、三倍の三千万円で、それ以下ということはあり得ない、との話でした。

全部で十枚の絵画。総額、九百五十万円。それにオークション代を足すと、丁度、一千万円です。我が家の財産総てに加えて、親や親戚にまで借金したお金でした。三週間後に家族の人生、全てが懸かった結果が出るのです。

しかし、もうお分かりだとは思いますが、三週間経っても男性から連絡は来ませんでした。連絡を取り合っていた電話番号も使用されなくなっていました。実はここまでの事を妻には話していませんでした。でもここまで来て黙ってもいられなくなり、ある晩、全てを話しました。妻は泣き崩れ、子供を連れて実家に戻っていきました。私は詐欺に遭い、全てを失ってしまったのです。ただ唯一手元に残ったのは、山に向かう男性の絵だけです。

それから暫くして、友人の一人が、私にお金を貸すからタクシーの運転手の資格を取るように勧めてくれたのです、私は、涙を流しながらお金をお借りし、運転手の資格を取りました。そしてその友人の紹介で、法人タクシーの運転手として仕事を長年させて頂いておりました。

お陰様で昔の借金も全て無事に返し終わり、年齢的にも定年退職間近となりました。

ある日、夜勤に出た時の事です。飲み屋街からお客さんを乗せて、その戻りに、その頃のお話です。

大きなお寺の前を通りました。この辺りは街灯も殆どなく、昼間でも人通りはあまりありません。少し休憩しようと考えておりましたので、敢えて人気のない道を通ったのです。

しかし、私の思惑は外れました。数少ない街灯の下に、一人の男性が立っているのが見えたのです。もしかするとタクシーを停めるかなと思い、少しスピードを落として近づきました。すると男性はこちらに気がついたのか、慌てて手を挙げたように見えました。

私は、そのまま男性の横に車を着けて、扉を開けました。しかし男性は中々乗って来ません。そこで私は運転席から振り返って、男性に声を掛けたのです。

「お客さん、乗られますか」そう言うと、男性は声を出して答えることなく、ゆっくりと車内に乗り込んできました。私は、ここまで来て胸騒ぎのようなものを覚えました。ここはお寺の裏道で、お寺の白壁に挟まれた道です。しかも、この壁の向こうには、墓地が広がっているのを知っていたのです。

「しまった、乗せてはいけないお客さんを乗せてしまったのかもしれない」そう思ったのです。それでも乗り込んで来られた以上、行き先を尋ねない訳には行きません。

「お客さん、どちらまで行かれますか」私は声が震えるのを極力悟られないように聞きました。するとこの男性客は、かぼそい声で、ある場所の名前を言いました。聞きなれない場所でしたので、私はカーナビに入れました。するとそこは、車で一時間近くは掛かる山の中だったのです。

「お客さん、かなり山の中ですが、そちらで間違い無いですか」再度尋ねると、男性はゆっくりと頷きながら「はい」と小さな掠れた声で返事をしました。

私は取り敢えず車を出発させました。

こんな深夜にあんな山の中に普通は行ったりしない。やはりこの男性は、この世の人ではないのではないだろうか。そう思いながらルームミラーで後部座席に座る男性の様子を観察しました。

身なりはそれ程悪いものではなく、比較的高そうな背広を着ていました。荷物は手提げ鞄が一つ。それだけ見ると、普通のサラリーマンに見えます。しかし男性の醸し出す生気の感じられない雰囲気だけが、私に違和感を抱かせていました。

次に顔に目を向けますと、頬は瘦け、顔色は青白く、体に大きな不調を抱えているのではないかと感じるほどでした。それらに鑑みると、この男性がこの世の人ではないと半分決定付けているようにも思いました。そこで私は、何か話し掛けてみようと、こんな質問をしてみました。

「お客さん、こんな時間に、あんな山の中に何の用事で行かれるんですか」緊張を気づかれないように、そう聞いてみました。

すると男性は、一切声を発せずに、ただ〝ニヤッ〟と白い歯を見せて笑ったのです。

ここから先は、何も話し掛けないでおこう。ただ集中して目的地だけをひたすらに目指そう。そう思いました。

車は街の中を抜け、山道へと入りました。幾つものカーブを抜け、真っ暗な山道を走りました。まるでホラー映画のワンシーンを再現しているかの様に、車のライトだけが道を照らしていました。

ようやく男性の言った目的の場所が近くに迫って来ました。目的の場所に着くと、私は恐る恐る、ルームミラーで男性の様子を見ながら聞きました。

「お客さん、この辺りが〇〇ですが、何処でお停めしましょうか」そう言うと、男性は「ここで降ります」と言いました。

車を停めて料金を伝えようとしたその時、男性は一万円札を二枚出して「釣りは入りません」言うが早いか、車から降りました。

私はすぐに車を出しました。そして直ぐUターンしようと、ハンドルを切りました。しかし一回ではターン出来ず、二、三度切り返したのですが、その間、降りた男性はずっとその様子を見ていました。

男性の横を通りすぎ、後ろの男性を見ようとバックミラーに目をやると、もう男性が立っているのかどうかさえ分からない程、真っ暗でした。

営業所に車を返すと、今晩はこの話はしたくないと思い、誰にも話さずに帰宅しました。

夜勤の明くる日は、大抵、午前十一時頃には起きるのですが、この日は少し疲れていたのか、起きたのは午後〇時頃でした。

起きてから、落ち着いて昨夜の事を考えました。

乗せた場所や時間、男性の様子など、何度思い返しても違和感しか残りません。

そこで私は、今日は仕事が休みだという事もあって、もう一度男性を降ろした場所まで行く事にしました。

私は車を所有しておりませんので、レンタカーを借りに行くことから始めました。今まで一度も車を借りた事がありませんでしたが、レンタカー屋さんで女性店員さんから親切に説明を受けながら、お借りすることが出来ました。

車を借りると、早速、昨夜男性を降ろした場所に向かいました。山道に入ると、昨夜とは随分景色が違って見えます。昨夜は怖いホラー映画の場面に見えたのに、今は綺麗な緑に青い空、まるでこの先に楽しい事がある様な気分になりました。しかし、私の人生は、今までも思っていた事と全く違う展開になることが多くありました。この日もそうなってしまいました。

　男性を降ろした辺りまで来ると、車を停められそうな場所を見つけて、降りました。男性が私を見送るように立っていた場所まで行ってみたのですが、ただ雑木林があるだけで、他に何かあるわけではありません。

　雑木林の中に少し入って、辺りを見渡しました。すると、昨夜の男性が首を吊って亡くなっているのを見つけたのです。人生は小説より奇なりとは、本当にこの事です。

　直ぐに警察に電話をしました。ご遺体を降ろして、私も事情聴取の為にそのまま警察署に行きました。

　その間に、男性の持ち物などから身元が分かりました。どうやら犯罪に手を染めていたらしく、行き詰まって自ら命を絶ったようでした。私も今まで死にたいと思ったことが何度も何度もありました。ですので、この男性の気持ちが少しは分かります。しかし、私はあるものに励まされて今までやって来られました。それは、あの一つだけ残った絵画です。あの絵画は、騙された安物の絵ですが、尖った雪山に大きな荷物を背負って立ち向かう人間の姿に何度も励まされて、ここまで生きて来られたのです。この男性には自分を励ます何かが足りなかっただけで、私と変わらぬ人間のように思えました。

調べは何時間にも渡って行われ、私が警察署を出たのは、夜の十時頃でした。レンタカーを夕方には返すと言っていたのに、すっかり忘れて連絡すらしていませんでした。「明日電話して、もう一日延長してもらおう」明日も警察署に出向く事になっていたのです。

次の日を、会社は有給休暇扱いにしてくれました。そして、レンタカー屋さんにも電話をし、話せる範囲の説明をしました。すると、何度か名前と住所の確認をされ、返却時に少し話をしたいので、宜しいですかと言われました。やはり超過する時には、理由はどうあれ、事前に連絡を入れないといけなかったのだと反省しました。

警察署に着くと、男性の経歴などが分かってきたとの事でした。男性が若い頃の写真が数点カバンから出て来たとの事で、それも見せて頂きました。

「運転手さんが乗せた男性の若い頃の写真だと思うのですが、昔は恰幅が良かったようです。この写真を見て、乗せた男性と同一人物かどうか分かりますか」そう聞かれました。

しかし私は驚きのあまり、それ処ではありませんでした。

「刑事さん、私、この男性を知っています」私は思わず大きな声が出てしまいました。

私があの時タクシーに乗せたのは、昔、私に絵画を売ったあの男性だったのです。警察の方にこの話をすると、男性が以前行った犯罪は詐欺で、絵画をオークションで売ってあげると持ちかけ、お金を騙し取るといった方法だったそうです。本来なら、腹が立つのかも知れません。しかし私はそうではありませんでした。何故か、旧友に再会した、そんな感じがしたのです。

考えてみれば、私もこの男性と同じく、楽をして大金を手に入れたいと思って話に乗ってしまった訳です。その意味では、私も同罪なのだと思います。私が家族を失ったのも、自分の弱さ故の事なのです。ですからこの男性を責めることは出来ません。そして、私が何度も人生で転ぶ中、私を支えて励ましてくれたのは、この男性から買ったあの絵である事は間違いないのです。そういう意味では、あの絵は私にとって、命と同じ価値のある物なのです。

取り調べも無事に終わり、私はレンタカーを返しに向かいました。

レンタカー屋さんに入ると、借りる時に対応してくれた女性が出て来てくれました。車を停めて、その女性に声をかけました。

「昨日は色々とありまして、連絡が出来ずにすみませんでした」そう言うと女性は、取り敢えず事務所に入るよう手で合図しながらこう言いました。

「中で店長が、話をしたいと待っていますのでどうぞ」と。これはかなり怒らせてしまったと思いました。

　事務所の中に入ると、三十代半ばくらいの男性が立っていました。そして、その男性は、私の事を凝視しているのです。私は何度も「ごめんなさい」と連呼していました。

「取り敢えずお座りください」店長という男性に促され、私は椅子に座りました。すると店長が、名刺を差し出しながら、こう言ったんです。

「私、こういう者です」

　私は再び驚いて、思わず店長の顔を見ました。名刺には「柿田雅彦」とありました。「柿田」とは、別れた妻の苗字で「雅彦」は私の子供の名前でした。

「もしかして……」私は店長の顔に、子供の頃の雅彦の面影を見ました。間違いなく我が子でした。

「お父さん、ですよね」そう言われて、私はどっと涙がこぼれました。

「ごめん、ごめんな、雅彦。寂しい思いをさせてしまった」そう言うと、雅彦はそっと私の肩に手を掛けて、こう言ってくれたのです。

「今まで寂しかった分、これから返して貰いますよ」そう言って微笑んでくれました。

　その後、私はタクシー会社を定年まで勤め、息子のレンタカー屋さんを手伝う事になりました。

そして、別れた妻とも再会し、今では一緒に出かけるくらいに良い関係になりました。

二人には、何とかして恩返し出来れば嬉しいと思っていましたが、貯金もあまりありませんし、何もしてやれない事を心苦しく思っていました。

そんなある日の事です。夜寝ていると、生まれて初めて金縛りにあったのです。体が動かないと思っていると、突然入口の扉が開く音がしました。そしてそこから、大きな影が入ってきたのです。目だけは開けられましたので、私はその影の方をじっと見ました。すると、その影が、あの男性だと直ぐに分かったのです。

「最後に乗せたあの男性が、霊となって入ってきた」私は怖くなって、目をきつく閉じました。すると、目の辺りに生暖かい感覚がするのです。やがてその感覚は、熱いと感じるほどになりました。

熱くて目を開けると、熱がサッと引きました。しかし、私の目には、その男性の姿が見えるのです。再び目を閉じると、やはり熱くなってしまいます。

「これは目を開けていろと言う意味なのかもしれない」私は目を開け、その男性を見ていました。すると男性は声を出すのも苦しそうに、「か・い・が」そう言って来たのです。

恐らく絵画詐欺の件を謝りたいと思っているのだろうと、心の中で「もういい、大丈夫、恨んでいないよ」と言いました。

しかし男性は「か・い・が」と何度も繰り返してきます。「もういい、もういい」と何度も心の中で言いました。すると男性は突然目の前から消えて、私の体も動くようになりました。

翌日、この話を息子にすると「もしかすると、その絵を飾って欲しいって事かもしれない。お店に飾ろう」そう言うのです。

私を励ましてくれた絵ではありますが、家族にとってはあまり良い思い出のある絵ではありません。ですから私はどうかと思ったのですが、元妻も息子も飾ろうと言ってくれましたので、店の受付の所に置く事にしました。

ある日、一人のお客さんが、その絵を見て大変驚かれました。何とその絵は、とても有名な方の絵だと言うのです。しかも、その方の若い頃の作品で、価値も何百万円もすると言うのです。そして、その絵を譲って欲しいと仰ってくださったのです。

先日出てきた男性の霊は、この事を伝えたかったのかも知れません。

私はこれで、少しは息子と元妻に恩返しが出来ると思ったのですが、二人は売らないと言うのです。

「この絵はお父さんを勇気付けて、何度も助けてくれた絵だし、このまま置いておきたい」「今、家族を再会させてくれたのも、この絵のお陰の気がする」そう言うので、今は大切に保管しています。

人生は、山登りに似ているのかも知れません。人生という山では、人は転倒したり、時には怪我をしたりする事もあります。ですから休憩を挟みながら、ゆっくりと登りましょう。それを一足飛びに楽をしようとすると、雪崩が起こるように出来ているのかも知れません。ゆっくり、一歩一歩、確実に前に進むと、その人が寿命を迎えるまでに、誰しもが人生の頂上に着くように出来ているように思います。ですから焦ったり、楽する事を考えたりしなければ良いのでしょう。

このお話をお聞きした後、私はその絵を見せて頂きました。

その絵に描かれている山は、ネパールにあるアンナプルナという山です。サンスクリット語で豊穣の女神という意味です。人生の山も、経験という得難き宝物をくれる豊穣の山なのかも知れませんね。それにしても人生は、小説よりも奇なりです。

ダム

「霊は水場に集まるって本当ですか」そう聞いてこられたのは、とある解体業者の赤松さんという方でした。

霊は水場に集まると私も耳にしたことがあります。心霊スポットと呼ばれる場所も、水場の近くにあることが多いのです。その理由は一体何なのでしょうか。私なりに考察をしてみたいと思います。

先ずは、お経を見てみたいと思います。仏教には「末期(まつご)の水(みず)」という言葉があります。これは、お亡くなりになられた方に、水を飲ませて差し上げる儀式です。亡くなられて直ぐに、真綿などに水を含ませて、ご遺体の唇に当てて、水を飲ませてあげるのです。人間は死ぬ直前に喉が渇くといわれていますので、この儀式を行う訳です。

何故そのように言われているのかと言いますと、お釈迦様が涅槃(ねはん)に入られる時の様子に由来しています。

お釈迦様はお亡くなりになる直前、弟子にお水が欲しいと言われます。弟子は急いで水を汲みに行きましたが、飲める様な綺麗な水が見つかりませんでした。するとそれを知った神様の一人が、山に登って綺麗な山水を汲んで来て、お釈迦様に差し上げられました。それを口にされたお釈迦様は美味しそうに飲み干され、暫くして息を引き取られたというのです。

このお話が元となり、お亡くなりになられた方が、水を欲して水場に集まるという噂となったのかもしれません。

また陰陽思想では水場は陰の気が集まる場所と考えますので、死という陰の要素が重なったのでしょう。更には水場で霊的な目撃例が多いという、統計学の結果なども考えられます。

何にせよ、霊と水との関係性は深いのかもしれません。

赤松さんは何故、この様なご質問をされたのか。その理由をお聞きした所、驚くべきお話をして下さいました。

N県にある○○ダムは、心霊スポットとしてとても有名な場所です。僕は、そのダムに友人二人と車で出掛けました。

時間は深夜二時頃で、ダムには僕たち以外は誰一人居ませんでした。ただ、想像していた真っ暗な感じではなくて、ダムの管理棟なのか事務所らしき建物があり、そこにはとても明るい照明が付いており、あたりを照らしていました。

　このダムでは、飛び込み自殺がよくあると聞いていました。しかしそれ以上に、何故か不注意による落下事故が多くある場所なんだそうです。もしかしたら自殺した人が引き摺り込んでいるのではないかという人もいるぐらいで、心霊スポットと言われるのもその為なのかもしれません。

　僕たち三人は、車から降りて堤防の上を歩きました。もしかしたら何か霊的現象が起きるのではないかという期待と恐怖感を楽しんでいたんです。しかし、一時間近くウロウロしましたが、不思議なことは何も起こりませんでした。

「帰ろうか」そう言って僕たちは車に乗って、ダムを後にしました。

　ダムからの帰り道、山道を少し走ると、後部座席からいびきが聞こえて来ました。もう深夜三時を回っていましたので、友人の一人は眠気がさした様です。助手席の友人が僕に「眠たかったら運転代わるけど」と声を掛けてくれましたが、僕は全く眠くなかったので、そのまま運転を続けました。

　山道を更に走ると、二キロ近く続くトンネルを通過します。僕は何となくダムよりも、このトンネルの方が気味悪く感じました。心霊スポットのダムでは何も怖いことが起こらなかったので、そこでふと思い付いて車の速度を落とし、ゆっくりとトンネルを走ることにしたんです。助手席の友人も、ここの方が怖い感じがする、と楽しんでいました。

四〇キロほどの速度で車を走らせていました。丁度トンネルの半分くらいに来た、その時です。僕はそれを見て、思わず大声をあげてしまいました。同時にアクセルを踏んで、トンネルの出口へと急いだんです。

トンネルを抜けた時、助手席の友人は、もう少し先まで行って取り敢えず車を停めよう、と言いました。そして適当な場所を見つけると、僕は車を停めました。

僕ははっきりと見たんです。トンネル内にある、緊急時に車を停められるスペースの所に、ずぶ濡れの男の人が居たんです。

その男性は、両手を膝に当て、長距離を走って来た後のように、肩で息をしながら、中腰の状態で壁にもたれ掛かっていました。作業着の様な服装で、全身ずぶ濡れの状態でした。そして何より、顔が真っ青だったんです。そして僕はその男の人と、確実に目が合ったんです。

その事を助手席の友人に話すと、何とその友人も同じ男の人を見ており、彼も目が合ったと言うんです。

あれだけ速度を落としていた状態なので、何か他の物と見間違うことは絶対にありません。

こんな時間に、男の人はどうしてずぶ濡れだったのでしょう。しかもトンネルの近くに民家はありません。仮にこれが昼間の出来事であったとしても、あんな所に人が居る事自体が不自然だ、と友人とも話しました。ですが、確かにあそこには男の人が居たんです。

「トンネルに戻ろうか」助手席の友人はそう言いましたが、あの青ざめた顔を思い出すと、頷くことが出来ませんでした。

そんな話をしていたら、後部座席で寝息を立てていた友人が、何かあったのかと目を覚ましました。

「実はついさっき……」僕が経緯を話そうとした、その時でした。

「うわー」後部座席にいた友人が大声で叫んだんです。そして車から飛び出しました。僕も助手席の友人も意味が分からないまま、車の外へと飛び出しました。

「どうした、何があった」と聞くと、友人は震えながら、車の後部座席を指差してこう言いました。

「この男の人は誰？」そう言ったんです。

僕は車の後部座席を見ましたが、そこには誰も居ませんでした。そのことを伝えると友人は「顔が真っ青な作業服を来た男の人が居た」とそう言うのです。

僕たちは怖くなり、その場を後にしました。

山を越えた所にコンビニがあったので、すぐに車を店の前に停めました。コンビニの明るさに少しホッとしていると、後部座席の友人が、再び叫びながら車を降りました。

見ると、作業服の男の人が座っていたというシート部分が、コップの水を溢したかのように濡れていたんです。

この事件以来、赤松さんは心霊スポットと呼ばれる場所には近づかない様にされているそうです。

それにしても、このお話に出てくる男性は、一体どういう経緯でトンネルや車の中に居られたのでしょうか。真相は分かりませんが、何にせよ、無闇矢鱈に心霊スポットには行かない方が良いということは、確実に言えそうです。

商店街

私は京都市上京区にあります、北野という街で生まれ育ちました。実家の近くには菅原道真公で有名な北野天満宮があります。幼い頃からこの北野天満宮にはよく遊びに行きました。現在も続いておりますが、毎月二十五日の縁日には、金魚すくいや射的、綿菓子屋さんなど、沢山の屋台が並びます。その北野天満宮を少し南に下がると、北野商店街という商店街があります。

この商店街には、私が小学生の頃くらいまで、駄菓子屋さんがあったり、コロッケ屋さんがあったりと、子供達も大勢買い物に来ていました。勿論、私もその一人です。

さて今回は、そんな私の子供時代に起こった出来事を書かせて頂きます。

これは私が小学五年生の時のお話です。

当時、北野の町には、今で言いますと昭和レトロな駄菓子屋さんが、四軒ほどありました。「しびれ屋」「どんつき」「でみせ」「いずみ」どれも地元の同世代の方が聞かれたら懐かしく感じられると思います。

それらの駄菓子屋さんの中で一番人気があったのが、「でみせ」というあだ名の駄菓子屋さんでした。お店は、お婆さんがひとりでされていました。そのお店は、お婆さんの家に靴を脱いで上がり込むという形でした。そして何より、普通にお菓子を買うのではなく、取り扱われているお菓子の殆どが当たり付きの物でした。

例えば紐の先に大、中、小の大きさの飴がついていて、紐を引っ張って大きい飴を狙うもの。ボタンを押すと色の付いているガムが出てくる機械で、当たりの色が出るともう一回押せるなど、ただお菓子を購入するのではなく、ゲーム性に富んでいた事が、人気の理由でした。

親から百円を貰ってくる子もいましたが、当時の大抵の子供は五十円しか貰えませんでした。当たり付き駄菓子は二十円の物が多かったのですが、私も相場の五十円しか貰えませんでしたので、二回勝負して残りは十円チョコを買う、といった感じでした。

そんなある日、全国の小学生に衝撃を与えたキン肉マン消しゴムが、ガチャガチャ（カプセルトイ）で登場しました。これは、当時大人気だったキン肉マンという漫画のキャラクターが、ゴム製の人形となった玩具でした。

何が当たるか分からないのがガチャガチャです。しかも一回百円という値段でした。一日五十円の私達にとって、二日間お菓子を買わず、一回のガチャガチャを引くのは、とても我慢のいる事でした。それでも頑張って二日分の駄菓子を我慢して、キン肉マンの消しゴムを競って買いました。時には二回連続で同じものが出ることもあり、子供ながらに人生の辛酸を感じていました。

そこである日、いつも良く遊ぶ仲間で集まって、互いに重複している物を交換しようとなったのです。集まったのは、小山君、上野君、鍬田(くわた)君と私の四人。交換場所は、いつもの駄菓子屋さん「でみせ」です。

貴重なキャラクターには三個分の価値があったり、同じキャラクターを沢山持っている人はそればかりを集め始めたりと、ゴム人形を中心に小さな社会が形成されておりました。そして、そんな小さな社会の中にも、格差社会の波がやって来たのです。というのは、毎日百円のお小遣いを貰う、吉田君という子が現れたからです。

実は、彼も始めはお小遣いは五十円だったというのです。ではどうして百円になったかといいますと、そこには驚くべき介入者の存在があったのです。それは、おじいちゃんとおばあちゃんです。先ずは親から五十円を貰い、次に祖父母の家に行き、そこで五十円をねだって貰っていたのです。彼はこれを「貿易」と呼んでいました。しかし、この貿易は、長くは続きませんでした。吉田君の景気の良さに気がついた両親の手により、祖父母貿易は禁止されたのです。

私達は鎖国を余儀なくされた吉田君のアイデアを元に、外貨獲得の手段を考える事にしました。祖父母貿易も考えたのですが、吉田君の噂は各親に知らされて禁止されている可能性が高く、得策ではないと考え、他の方法を探る事にしました。

四人で作戦会議をしようと駄菓子屋さんから外に出た時、近所のおばちゃんに会いました。すると小山君が、おばちゃんを見るや否や「大西のおばちゃん、五十円ちょうだい」と声を掛けたのです。後に小山君はこの時の事をこう語っていました。「顔見知りには片っ端から声をかけようと思った」と。

おばちゃんは、にっこり笑ってこう言いました。「五十円ずつでええの」と。即座に上野君が「ありがとう」と先手を打ってお礼を言いました。鍬田君に至っては、もう手を突き出していたのです。

大西のおばちゃんは、笑顔で私達一人ずつに五十円を手渡してくれました。最後に私が貰ったのですが、私は大西のおばちゃんに違和感を覚えました。何と表現したら良いのか、顔色は青白く、生気がないと感じたのです。

「おばちゃん、元気。病気はないか」と私が聞くと、おばちゃんは「心配してくれて有難うね。大丈夫やで」そう言って、ふらふらと歩いて行かれました。心配そうにおばちゃんを見送る私を、友人達は駄菓子屋に向かおうと急かして来たので、そのまま駄菓子屋へと行きました。

そんな事があった数日後、キン肉マン消しゴムで遊んでいると、上野君がこんな話をして来ました。

「そう言えばこの前、大西のおばちゃんに五十円もらった時、おばちゃんの顔色悪くなかった」

「もしかしたらお腹減ってたんかな」

「食べもん買えへんのかな」

大西のおばちゃんは、私達より七歳年上の娘さんと二人暮らしで、もしかすると生活が大変で、ご飯もあまり食べていないのかも知れないという話になりました。そこで、みんなで大西のおばちゃんにお金を返しに行こうという話になったのです。みんな幼いながらに、何もしないでお金を貰った事に何処かで罪悪感を持っていたのだと思います。

あくる日学校から帰ると、それぞれが一日分のお小遣い五十円を手に握りしめて、四人で大西のおばちゃんの家に向かいました。しかし、はっきりとした家の場所を知っている人は一人もいなかったのです。

「確かこの辺りなはずやけど」そう言いながら、一軒一軒表札を見て回りました。しかし中々見つける事が出来ません。

その時「どこか探してるの」と、女の人から声を掛けられました。見るとそこには、大西のお姉ちゃんがいました。

私達はおばちゃんからお金を貰ったことを話し、お金を返しに来たと言いました。そして、おばちゃんの顔色が悪かった事を言うと、お姉ちゃんはこう言いました。

「おばちゃんね、最近元気がないの。そやから時々みんなも励ましてあげて」そう言うのです。

「うん、分かった、そうする。これ、おばちゃんに返しておいて」と言って、お姉ちゃんに五十円玉を渡しました。

帰り道「やっぱり大西のおばちゃんは元気がなかったんや」「何でやろ」「ご飯食べてへんのかな」そんな話をしながら帰りました。

それから数日後、私達は再び、大西のおばちゃんと会いました。

「おばちゃん、この間は有難う。お姉ちゃんにお金返しといたけど、受け取ってくれた」そう聞きました。するとおばちゃんは、驚いた様子で私達に聞き返しました。

「どう言う事。お姉ちゃんってどこのお姉ちゃん」

「え、大西のお姉ちゃんとおばちゃんの家の近くで会ったから返したで」そう言いましたが、どうやらお金はお姉ちゃんのところで止まっている様でした。

「もしかしてお姉ちゃんがそのまま取ったんかな」そう言うと、突然、おばちゃんは泣き出しました。

「気持ちわかるけど泣いたらあかん」鍬田君はおばちゃんを慰めようと声を掛けま

したが、一向に泣き止みません。

「おばちゃん、どうしたん」私が聞くと、おばちゃんは信じられない事を言ったのです。

「お姉ちゃんは、去年病気で亡くなったの」そう言うのです。

「そんなはずない。みんなお姉ちゃんと話したで」そう言いましたが、確かにお姉ちゃんは亡くなっていたとおばちゃんが言うのです。

目をハンカチで抑えながら、おばちゃんは、今からお姉ちゃんのお墓に行くと言うので、私達も行く事にしました。

お墓は、私達の通う小学校の隣の墓地にありました。

お姉ちゃんのお墓の前まで来ると、みんなで手を合わせました。その時、小山君が「あ、これ見て、見て」と言って来ました。見るとお墓のお水を入れる窪んだ部分に、五十円玉が四枚置いてありました。

「お姉ちゃんが持って帰ってたんや。あかんやん、おばちゃんに返さんと」お金が見つかった事に私達がほっとしていると、おばちゃんはお墓の前でも泣いていました。

「そう言えば、お姉ちゃんと会った時、おばちゃん元気ないから励ましてって言われたな」上野君が言ったので、「元気出して、お姉ちゃんが心配しはるよ」おばちやんにそう言って、みんなで励ましました。

私の小学生時代のお話ですから、随分昔の話です。何とか思い出しながら書かせて頂きました。未だにこの時の四人は、数ヶ月に一回はみんなで食事に出掛けます。今も良い友達です。

三人が、お寺に遊びに来た際に、弟子がお茶を運んで来てくれました。そのお盆には五つの湯呑みが乗せられていました。

「一つ多いよ」そう言うと「あれ、先ほどの方は帰られたのですか」弟子が言うのです。もしかすると、大西のお姉ちゃんも来られたのかもしれません。

人間は、死んだら無になるという方がおられます。しかし、決してそうではありません。死とは、いっときの別れであり、あの世での再会の約束でもあるのです。再び会うその日まで、明るく元気に過ごすことが、生きている私達の役目でもあると思います。

あとがき

この度は、シリーズ五冊目となる『怪談和尚の京都怪奇譚 宿縁の道篇』をお読みくださり、誠に有り難うございます。

まさか五冊も出させて頂けるとは思っておりませんでした。しかも『怪談和尚』という漫画まで出版して頂けた事は、本当に有難い限りです。これもひとえに、ご購読くださった皆様のお陰です。本当に有り難うございます。これからも宜しくお願い致します。

さて、本文中の話は、実話ですかと聞かれる事がありますが、元の話があり、それを脚色する形で書かせて頂いております。ですので正確に言えば、完全な実話ではありません。私としては、話が実話か作り話かという事よりも、怪談を通して、仏教の教えに触れて頂いたり、死について考えて頂ければと思っております。死を迎えるまでの間、私達は、どのようにしてこの世で生きるべきか。それを考えて頂ける一助となれれば幸いです。

合掌

令和四年六月　京都・蓮久寺にて

三木大雲

この作品は文春文庫のための書き下ろしです。
章扉・本文挿画　ヤマザキチヱ

文春文庫

怪談和尚の京都怪奇譚（かいだんおしょうのきょうとかいきたん）
宿縁の道篇（しゅくえんのみちへん）

定価はカバーに
表示してあります

2022年8月10日　第1刷

著　者　三木大雲（みきだいうん）
発行者　花田朋子
発行所　株式会社　文藝春秋

東京都千代田区紀尾井町 3-23　〒102-8008
TEL　03・3265・1211(代)
文藝春秋ホームページ　http://www.bunshun.co.jp

落丁、乱丁本は、お手数ですが小社製作部宛お送り下さい。送料小社負担でお取替致します。

印刷製本・大日本印刷

Printed in Japan
ISBN978-4-16-791924-5